大学生体育与健康

成凌霄 魏箐河 王思 / 主编

延边大学出版社·延吉

图书在版编目（CIP）数据

大学生体育与健康 / 成凌霄，魏箐河，王思主编
．— 延吉：延边大学出版社，2024.3
　　ISBN 978-7-230-06364-7

Ⅰ．①大… Ⅱ．①成… ②魏… ③王… Ⅲ．①体育—高等职业教育—教材②健康教育—高等职业教育—教材
Ⅳ．①G807.4②G717.9

中国国家版本馆 CIP 数据核字(2024)第 069195 号

大学生体育与健康

主　　编：成凌霄　魏箐河　王思
责任编辑：张艳秋
封面设计：文合文化
出版发行：延边大学出版社
社　　址：吉林省延吉市公园路 977 号　　　邮　编：133002
网　　址：http://www.ydcbs.com
E-mail：ydcbs@ydcbs.com
电　　话：0433-2732435　　　　　　　　　传　真：0433-2732434
发行电话：0433-2733056
印　　刷：廊坊市海涛印刷有限公司
开　　本：787 mm×1092 mm　1/16
印　　张：11.75　　　　　　　　　　　　　字　数：217 千字
版　　次：2024 年 3 月　第 1 版
印　　次：2024 年 4 月　第 1 次印刷
ISBN 978-7-230-06364-7

定　　价：49.80 元

前　言

体育与健康教育是高等教育的重要组成部分，对培养德、智、体、美全面发展的社会主义事业建设者具有重要的促进作用。体育课程是以学生的身体练习为主要内容，通过合理的体育教育和科学的体育锻炼，达到增强体质、增进健康和提高体育素质为主要目标的公共必修课程，是实施素质教育和培养全面发展人才的重要途径。

本书在编写时努力贯彻教育教学改革的有关精神，严格依据课程标准的要求编写，具有以下特色：

一是实用易行。在内容编排上，本书针对体育项目或动作特点，提供了很多练习方法。运用这些方法进行练习，能够帮助学生有针对性地解决技术动作难点，提高学生的运动能力水平，有利于学生在愉快的活动中掌握技术动作要点。

二是内容丰富。本书内容丰富，书中教授的运动锻炼方法适合不同性别、不同性格类型和不同体质状况的学生，既能满足课内教学的需要，又延伸到了课外，达到因材施教、引导学生自主练习的效果。

三是难易适度。本书内容详略得当，重点介绍简单易学的技术动作，做到了由易而难、由浅而深，使学生能够较快地掌握运动项目的基本技术，进而进行训练、参加比赛。

本书由徐振铎、刘青、张雨鑫、王豪担任副主编并负责审校工作。本书在编写的过程中参考了大量的文献资料，在此向这些文献资料的作者致以诚挚的感谢。由于笔者的水平有限，书中难免存在疏漏之处，恳请广大读者批评指正。

目　录

第一章　大学生体育与健康概述 ... 1
第一节　体育与健康概述 ... 2
第二节　大学生体育与健康教育 ... 6

第二章　科学体育锻炼 ... 11
第一节　体育锻炼与身心健康 ... 12
第二节　运动类型与运动处方 ... 14
第三节　体育锻炼的方法与原则 ... 24
第四节　体育锻炼效果的评定与指标 ... 29

第三章　体育锻炼中的卫生和运动损伤 ... 38
第一节　体育卫生保健 ... 39
第二节　运动损伤的急救 ... 48
第三节　常见运动损伤的处置方法 ... 53

第四章　大学生田径运动 ... 66
第一节　大学生田径运动简介 ... 67
第二节　大学生田径运动的分类及项目 ... 69
第三节　大学生田径运动的规则 ... 84

第五章　大学生球类运动 ... 89
第一节　大学生篮球运动 ... 90
第二节　大学生排球运动 ... 103
第三节　大学生足球运动 ... 118
第四节　大学生乒乓球运动 ... 138
第五节　大学生羽毛球运动 ... 152

附　录 ··· 172
　　附录一　大学生各测试项目评分标准（男）·· 172
　　附录二　大学生各测试项目评分标准（女）·· 174
　　附录三　大学生身高标准体重（男）·· 176
　　附录四　大学生身高标准体重（女）·· 178
参考文献 ··· 180

第一章　大学生体育与健康概述

章节导读

"体育"与"健康"是两个不同的概念,但它们之间又有着内在的必然联系。在身体健康的众多影响因素中,体育锻炼是最能积极促进身体健康的。进行科学的体育锻炼,不仅能够提高人体各系统的免疫功能,全面促进机体的新陈代谢,而且能够磨炼人的意志,培养自信心,提高抗挫折能力,增强社会适应能力。

学习目标

本章的学习目标详见表 1-1。

表 1-1 学习目标

知识目标	能力目标	素质目标
1.了解体育与健康的概念 2.掌握体育文化 3.了解体育锻炼与促进人体健康的关系	1.能够觉察自己的亚健康状态 2.能够根据自身的情况,进行适当的体育锻炼	1.掌握全面发展身体素质、提高身体活动能力的锻炼方法,利用自然条件进行体育锻炼 2.培养维护个人健康的基本观念,掌握提升个人身体健康的技能,学会自我健康管理

第一节　体育与健康概述

一、体育的产生与发展

体育是伴随着人类的起源和发展而形成的一种伟大的、有关人类身体实践的文化活动。史学家和考古学家的研究发现，早在原始时代，人类就把走、跑、跳跃、投掷、攀登、爬越等作为生产劳动和日常生活的基本技能传授给下一代，这是人类教育的萌芽，也是体育活动的萌芽。

体育的发展与教育、军事、科学技术的发展，以及人们的宗教活动、休闲娱乐活动有着密切的关系。但要指出的是，体育在历史发展的过程中，受到一定的政治、经济制约，并为一定的政治、经济服务。

二、体育的分类与功能

（一）体育的分类

目前，人们普遍认可的分类，是将体育分为体育教育、竞技运动和健身休闲三类。

1.体育教育

体育教育是教育者依据一定社会（或阶级）的要求，通过身体运动，进行有目的、有计划、有组织的对受教育者的身心施加影响，把他们培养成为一定社会（或阶级）所需要的人的活动。其主体部分是学校体育，作为培养人和教育人的必要手段，体育历来都是教育的重要组成部分。

2.竞技运动

竞技运动是为了最大限度地发挥个人和集体在体格、体能、心理和运动能力等方面的潜力，取得优异的运动成绩，而进行的、科学的、系统的训练和竞赛，是一种高度组织化的社会文化活动。

3.健身休闲

健身休闲是人们在可以自由支配的闲暇时间内，为了身体健康和心理愉悦，而参与的体育活动。

（二）体育的功能

1.本质功能

（1）健身功能

体育的健身功能体现了人类追求健康的需要。研究和实践证明，体育能调适和保持人的心理健康，提高人体心血管系统和呼吸系统的机能，并能促进骨骼和肌肉的生长发育，使人延年益寿，提高生活质量。

（2）教育功能

体育是教育体系中不可缺少的部分。体育能教导人基本的生活能力，向人传授科学文化知识，培养人们正确的体育观和体育意识，为形成健康的生活方式奠定基础。同时，体育能教导社会规范，促进人的社会化，并能激发集体主义和爱国主义精神。

（3）娱乐功能

体育融游戏性、竞赛性、艺术性和娱乐性于一体，人们从发展的观点审视体育的娱乐功能，不仅要看到它有消除疲劳、消磨时间的功效，更应看到它有享受人生、发展自身潜能的作用，是现代人生活的精神食粮。

2.延伸功能

（1）经济功能

体育是一种消费活动，与生产和服务密切相关，可以推动场地设施建设、运动器材、服装、饮料和药物等行业的发展，为劳动力就业市场开辟了一个新的广阔的空间，有利于提高社会的就业率，维护经济社会的稳定。

（2）政治功能

体育的政治功能体现在以下三个方面：

一是能提高国家的威望，振奋民族精神。1984年，我国重新返回奥运会赛场，中国实现了奥运会历史上金牌"零"的突破。2008年北京奥运会和2022年北京冬奥会的举办，对提高我国的国际威望起到了重要的作用。

二是表明国家的政治立场，为外交服务。国际比赛受到世界的关注，因此各国政府都非常注重在体育舞台上表明自己的政治立场和态度。1971年，第31届世界乒乓球锦标赛在日本举行，从中国运动员与美国运动员的互动开始，演绎了轰动世界的"乒乓外交"，最终促成了中美建交。

三是呈现安定祥和的社会环境。体育不仅可以在国际舞台上为政治服务，而且在国内舞台上也可以为政治服务。各国举行的各种体育比赛，不仅为丰富人们的文化生活服务、为带动经济服务，而且可以呈现一个国家的经济繁荣、安定祥和的社会局面和态势。

三、健康概念和内涵

（一）健康

在世界卫生组织的宪章中提到了健康的概念："健康是一种在身体上、心理上和社会上的完满状态，而不仅仅是没有疾病和虚弱的状态。"世界卫生组织关于健康的这一定义，把人的健康从生物学的意义，扩展到了精神和社会关系（社会相互影响的质量）两个方面的健康状态，将人的身心、家庭和社会生活的健康状态均包括在内。

在现代社会，健康的含义是多元的、广泛的，包括生理、心理和社会适应性三个方面，其中，社会适应性归根结底取决于生理和心理的素质状况。心理健康是身体健康的精神支柱，身体健康又是心理健康的物质基础。良好的情绪状态可以使生理功能处于最佳状态，反之则会降低或破坏某种功能而引起疾病。身体状况的改变可能带来相应的心理问题，生理上的缺陷、疾病，特别是痼疾，往往会使人产生烦恼、焦躁、忧虑和抑郁等不良情绪，导致各种不正常的心理状态。作为身心统一体的人，身体和心理是紧密依存的两个方面。

（二）亚健康

亚健康状态是介于健康状态与疾病状态之间的一种游离状态，所以对于亚健康状态的诊断很难界定，例如疲劳、失眠，健康的人经过适当的休息与调理就可以得到纠正与克服，但若长期处于疲劳、失眠状态，就可视为亚健康状态。

（三）心理健康

心理健康包括两种含义：一种是指心理健康状态，当个体处于这种状态时，不仅自我感觉良好，而且与社会处于契合、和谐的状态；另一种是指维持心理健康、减少行为问题和精神疾病的原则和措施。

在社会生活中,每一个体都有自己独特的为人处世、待人接物的方式,都有人际交往、合作、友情、尊重、名誉及取得成就的愿望和需要,所有这些需要的满足,都依赖个体的社会适应。同时,它们又能促进个体的社会适应。社会适应指个体为了适应社会生活环境而调整自己的行为习惯或态度的过程。个体社会适应包括一系列自主的适应性行为,通常表现为顺应、自制、同化、遵从和服从等具体的顺应方式。

作为学习领域的心理健康,要求学生学会通过体育活动调节情绪状态,增强自尊和自信,形成坚强的意志品质;作为学习领域的社会适应,要求学生培养良好的合作和竞争精神,形成和谐的人际关系,学会获取现代社会中体育与健康知识的方法。

四、影响健康的因素

(一)生活方式

人的不良生活方式主要包括饮食不规律、暴食暴饮等。例如,蔬菜水果摄入不足,而糖类、脂肪、鸡鸭鱼肉摄入偏多;有些人喜欢吃油炸类、烧烤类、腌制类食品等,加之抽烟喝酒、缺乏运动、睡眠不足、每日饮水不足等,导致高血脂、高血压、高血糖、高尿酸现象日趋严重。这种不健康的生活方式,会导致人们出现亚健康状态。

(二)职业因素

随着工作压力的增大,亚健康状态和代谢综合征人群不断增多,慢性疲劳综合征、空调综合征、高楼综合征、计算机综合征、"黑色星期一"等经常发生。

(三)环境因素

研究发现,空气污染,如重金属、大气微尘;水污染,如三氯甲烷、溴灼伤;食品污染,如蔬菜中的农药、杀虫剂,肉类中的激素、瘦肉精,食品添加剂中的苏丹红;日用化学品中的许多化学物质,如牙膏中的三氯生等,与各种癌症、各种代谢性疾病的发生有密切关系。

（四）心理因素

心理压力主要来自工作压力、生活压力和精神压力等方面。如果一个人长期处于较高的心理压力之下，不仅会产生许多心理问题，而且会对人的神经系统、免疫系统和内分泌系统产生严重的损伤，进而对身体的其他系统产生影响。据最新的"生物—心理—社会"医学模式显示，长期的心理压力是引起人的亚健康状态和各种慢性病产生的重要因素。

（五）遗传因素

某些疾病，如癌症、糖尿病等有遗传因素，不过遗传因素导致的疾病在所有疾病中的比例是很低的。在一些情况下，遗传因素并不是一个决定性的因素，人们懂得自我保健才是最重要的。

第二节 大学生体育与健康教育

一、大学生体育与健康教育应具备的理念

（一）树立健康第一的思想

健康是人类生存发展最基本的自身条件，也是创造社会物质文明和精神文明的基础。健康一直是人们最关心的基本需要，也是一个民族或国家整体素质与社会文明的重要标志。《中共中央国务院关于深化教育改革全面推进素质教育的决定》指出："健康的体魄是青少年为祖国和人民服务的基本前提，是中华民族旺盛生命力的体现。学校教育要树立健康第一的指导思想，切实加强体育工作，使学生掌握基本的运动技能，养成坚持锻炼身体的良好习惯。"

教育是立国之本，是提高整体国民素质的根本所在，大学生体育作为教育的重要组成部分，在增进大学生身心健康、提高大学生综合素质方面具有不可替代的作用。体育

教学内容应选择具有广泛性、可行性和趣味性等特点的适合群体锻炼的体育项目。

（二）与素质教育接轨

素质教育是当今中国教育改革与发展的主流。

所谓素质，是指在人的先天生理基础上，经过后天教育和社会环境的影响，由知识内化而形成的相对稳定的心理品质。它包括思想道德素质、科学文化素质、劳动技能素质和身体心理素质。

所谓素质教育是指以提高人的素质作为重要内容和目标的教育。

素质教育有三点基本含义：

一是要面向全体。实施素质教育是提高整个民族素质的基础，因此素质教育必须面向全体学生。

二是要全面发展。素质教育是在教育方针的指导下，从学生身心发展的不同特点出发，因地、因校制宜，着眼于教育教学全过程与各个环节，运用多种方式着力培养学生学习的主动性和创造精神，促进学生在德、智、体、美等方面的发展。

三是主动发展。素质教育提倡"让学生主动发展"，尊重学生的主体地位。教师应全面观察分析每个学生的特点，善于发现和开发每个学生的特长和潜力，从而做到因材施教，给学生创造一个自主的发展空间，使他们的个性得到充分、自由的主动发展。

体育是素质教育的重要内容，又是素质教育的手段之一。身体心理素质是素质教育的重要组成部分，而促进学生身心全面发展，提高学生身体心理素质正是学校体育教育的基本功能和首要目标。

大学生体育应遵循素质教育提倡的观念和方法，注意发挥体育对身体心理素质发展的内化作用，注重体育作为一种文化对人的身体心理素质的影响，强调体育作为手段对发展人的基本活动能力、社会适应能力和生活劳动能力的作用，以及培养学生在竞争、友谊、合作和意志等方面的价值观。

二、大学生体育与健康教育的目标与任务

（一）大学生体育教育的总体目标

从总体上来讲，大学生体育教育既属于教育范畴，又属于体育范畴，所以大学生体

育教育担负着双重的任务，即担负着教与育的任务。在教育的范畴里，要求增进学生健康，增强学生体质，发展学生个性，培养学生从事体育活动的意识、兴趣、习惯和能力，掌握体育与健康的基本知识、技术和技能，提高学生的体育文化素养和生活质量，造就一代体质强健、身心协调发展的社会主义建设者；在体育的范畴里，还担负着培养优秀体育人才、为国家争得荣誉的重任。

随着我国经济的繁荣与发展，大学体育教育已经逐步走入社会、走向世界，在许多精彩的体育表演及比赛中，大学培养出的优秀体育人才数不胜数，大学体育教育为社会的发展、人类文明的进步作出了新的贡献。从这个角度来说，大学体育教育又属于精神文明的范畴。

所以，大学体育教育的总体目标应该是培养学生的体育素质和增强学生的体质，促进学生的身体健康，增强学生的社会适应能力，缓解学生的心理压力，促进学生德、智、体、美的全面发展，使其成为有理想、有道德、有文化、守纪律的专业型建设人才。

为此，大学体育教育应培养学生掌握几种可以终身受益的健身方法及原理，提高学生的运动技术水平，以更好地为社会服务。

（二）大学生体育教育的任务

为了有效地增强学生的体质，达到学校体育的教育目的，大学生体育教育要完成以下主要任务：

1.增强学生体质，促进学生身心健康

增强学生体质，促进学生身心健康，是大学生体育教育的根本任务。大学生在校学习的这几年是其身心发展的重要时期，通过体育锻炼可以促进其各器官、各系统的良好发育，使其体质强壮、精力充沛，对疾病有抵抗能力，对自然环境有适应能力。增强体质，除了增强人体骨骼、肌肉、内脏各器官和系统的功能之外，更主要的是促进大脑机能的改善，它反映了中枢神经系统对肌体发展、发育和人体运动的控制力，神经系统对各器官机能的支配力，大脑皮层对各器官活动的协调能力等。增进健康、增强体质要根据不同对象，采取有针对性的体育内容、手段和方法，进行科学、系统和持久的锻炼，使学生精力充沛、免疫力增强、生命力旺盛。

2.促使学生掌握体育基本知识、基本技术和基本技能

知识是人们经过多次实践，对事物的本质和规律进行理解以后的产物；技术是人们充分发挥肌体能力，以合理、有效地完成动作的方法；技能是指技术的实际运用能力。

通过对基本知识、基本技术和基本技能的学习，应使学生掌握科学的锻炼方法，养成终身参加体育锻炼的兴趣、能力和习惯，提高学生的体育、卫生和文化素养，以及体育保健、独立锻炼和自我评价的能力，为其终身热爱体育锻炼奠定良好的基础。

3.进行思想品德教育，促进学生全面发展

大学生体育教育要结合体育的特点，寓思想品德教育于体育活动之中，要教育学生为将来从事社会主义现代化建设锻炼身体，提高社会责任感，树立群体意识，培养学生热爱集体、遵纪守法、团结合作、朝气蓬勃、勇敢顽强、拼搏进取、创造开拓等思想品德。在此过程中，要特别注意培养学生完成运动及进行身体锻炼的毅力。

由于学生的行为是受其理想、信念和情操支配的，因此在大学生体育教育过程中，应十分注意培养学生的高尚情操，通过提高学生的思想品德，更有效地完成学校体育教育的任务。

4.培养学生审美和创造美的能力

体育运动中的美，是一种综合性的美，它包括形式美、形体美、形态美、和谐美和精神美等方面。体育运动是力量与智慧的结合，身体练习是意念与形体的统一。

在体育运动中，练习者可以运用自身的动作表达对客观世界的认识，并通过各种动作达到增强其功能的效果。美的心灵、美的情操都是通过美的举止、美的动作造型来表现的，因此大学生体育教育应十分注意培养学生的高尚情操，培养他们审美和创造美的能力，使学生达到"外在美"与"内在美"的和谐统一。

5.发展大学生的体育才能，培养高水平的运动员

充分利用高校的有利条件和大学生体能及智能上的优势，重视大学生的生理、心理特点，对部分体育基础好、有一定专项运动才能的大学生进行科学的、系统的训练，不断提高其运动技术水平。这样，既能通过各种竞赛活动丰富校园文化生活，又可以培养高水平的运动员。

在国际上，许多奥运会项目金牌获得者和世界冠军都是学生，我国高校要想多培养高水平的运动员，就必须采取切实可行的措施，全面推进素质教育，提高大学生的体育才能，为国家多培养优秀的体育人才。

课后思考

1. 简述体育的功能。
2. 简述健康的概念和内涵。
3. 简述大学生体育教育的主要任务。

课后实践

本章的课后实践见表 1-2。

表 1-2 课后实践表

活动主题	头顶轻物走，迎面接力
活动目的	发展学生的身体平衡能力
场地器材	课本或者能放在头上的轻物；在场地上相距 10 m 的两条平行线
活动方法	将学生分成人数相等的两队，再分成甲、乙两组，分别排成纵队，面对面站在两条平行线的后面。游戏开始后，各队甲组排头学生头顶书或轻物向前走，与乙组排头学生击掌后站到队尾。乙组排头学生与甲组排头学生击掌后，将甲组排头学生头顶的轻物放在自己的头上，并走向甲组。依次循环，直到最后一人完成动作，先完成的队伍为胜
活动规则	头顶轻物走时不得跑步，轻物掉下后，应拾起重新放好后再前行
个人总结	

第二章　科学体育锻炼

章节导读

健康是伴随人类发展的永恒主题，随着人类社会的快速发展，人类的健康问题受到越来越多的关注。从艾滋病、疯牛病到非典型肺炎（SARS），从吸毒的泛滥、自杀率的提高到日益恶化的生态环境，这些都说明威胁人类健康的因素是复杂的、多样的，促进人类健康的宏伟目标并不是单纯依靠生物科学就能够达到的，而是由多学科共同协作才能完成的。

体育与人类健康的关系日益受到人们的重视和学术界的关注，"健康第一"的体育教育指导思想和"全民健身计划"的大众体育实施策略都体现了体育"以人为本"的发展原则，正确理解健康的内涵，对我们制定体育政策和推广体育运动具有指导作用。

学习目标

本章的学习目标详见表2-1。

表 2-1 学习目标

知识目标	能力目标	素质目标
1.了解体育锻炼对身心的影响	1.掌握体育锻炼的正确方法	1.积极、主动参加体育锻炼，注意锻炼方法
2.了解运动的类型与运动方法	2.了解体育健身效果测评方法	2.在运动、学习和生活中，保持稳定的情绪

第一节　体育锻炼与身心健康

一、体育锻炼对学生生理健康的影响

（一）改善和提高中枢神经系统的功能

体育锻炼能够改善神经系统的平衡性和灵活性，提高大脑的分析能力和综合能力，使学生在生活、学习和运动时动作灵活、反应快速，使身体的适应能力和工作能力得到增强。

（二）促进血液循环，提高心脏功能

平常人血流全身为4～5周/min，而运动时血流全身可以提高到7～9周/min。从冠状动脉对心脏本身的供血情况看，运动后冠状动脉的血流量比安静时提高10倍。

研究表明，经常进行体育锻炼的人的心脏功能可以得到增强，每搏输出量可增加到80～100 ml，是平时的1倍；而心脏的频率却减慢，如一般人心跳为70次/min左右，参加体育锻炼的人心跳为50～60次/min，这就可以大大减轻心脏的负担，延长心脏的寿命。

（三）改善呼吸系统的功能

经常参加体育锻炼的大学生，呼吸肌发达、强壮有力，在吸气时能把胸腔扩张得更大，有更多的肺泡参与工作，使肺活量增大、呼吸功能增强。

（四）促进骨骼、肌肉结实有力

经常锻炼身体，能使人体骨骼变粗、骨密质增厚，这样可以提高其抗弯、抗压、抗折的能力。体育锻炼使肌肉纤维变粗、发达有力，促进生长发育，从而改善和提高人体的形态状况，增强人体的生理功能，提高身体素质。

（五）使人心情舒畅，精神愉快

从事自己感兴趣的体育项目，不仅有助于大学生的身体发展，而且能调节大学生的心理，减缓心理压力，使其心情舒畅，从而增强自信心和自豪感。

（六）培养良好的性格

经常参加体育锻炼，可改变大学生的性格孤僻的特点，培养勇敢、顽强、自信、果断的性格。

二、体育锻炼对学生心理健康的影响

（一）调节情绪，保持乐观

情绪有积极乐观情绪和消极悲观情绪，由消极悲观情绪引起的疾病会极大地危害人的身体健康。体育锻炼能转移不良情绪，并为保持积极乐观的精神面貌奠定生理基础。

（二）消除疲劳，恢复体力

疲劳已成为现今社会的一种文明病，一个人若长期处于疲劳状态，是会损坏健康的，得不到控制的疲劳会逐渐影响和破坏肌体各组织器官及神经的正常状态。消除疲劳最有效的方法就是适当休息。休息有两种：一种是安静的休息，一种是活动性的休息。适当的运动可以促进全身的血液循环，给疲劳的大脑输送更多的氧气和养料，有利于驱除脑力疲劳和提高思维活动效率。

（三）提高应激能力，促进身心健康

应激是由外界情况的变化所引起的一种情绪状态，过度的应激常引起身体不适，还会导致免疫功能下降，诱发各种疾病。坚持进行体育锻炼，可以提高大学生的心理应激水平，使其在遇到外界的强烈刺激时，能以健康的心态从容应对。

（四）提高自信，完善自我

自信心是个体获得成功的保证，进行体育锻炼和竞赛，能不断增强大学生的自信心。

一次次的运动和处事经验，会影响大学生的思维方法和行为模式，使他们不断地进行自我完善。

三、体育锻炼对学生适应社会的影响

（一）体育锻炼可以培养学生适应社会需要的价值观

参加体育锻炼，有助于提高大学生的社会适应性，满足大学生的交往需要，并使其性格得到改变。体育活动具有娱乐性，有助于建立人与人之间的友谊、满足人的交往需要、消除人的孤独感、改变人的性格，在促进人的社会性发展过程中有娱心、健心等方面的功能。体育锻炼体现着参与、和平等价值观。

（二）体育锻炼促进学生协作意识和角色意识的形成

体育活动的角色扮演和规则与现实社会生活中的角色、法规具有一定的相似性，而这种相似性有利于提高大学生的社会适应性。大学生遵守体育道德规范，有利于提高自己的社会适应性。

第二节　运动类型与运动处方

一、运动类型

（一）有氧运动与无氧运动

1.有氧运动

（1）有氧运动的概念及特点

有氧运动是指能增强体内氧气的吸入、运送及利用的耐久性运动。在有氧运动过程中，人体在氧气供应充分的情况下进行体育锻炼，人体吸入的氧气量与需求量达到生理上的平衡状态。有氧运动的特点是运动强度低、持续时间较长，是健身运动的基本方法。与有氧运动相对的是无氧运动，无氧运动的特点是运动强度高、持续时间短，是剧烈的竞技运动方式，不宜作为日常的健身运动方式，常在各种体育比赛中出现。常见的有氧运动包括慢跑、快走、滑冰、游泳、骑自行车、打太极拳、跳健身舞、跳绳和扭秧歌等。

（2）有氧运动的健身作用

有氧运动对心血管系统和心肺功能有积极的改善作用，并能显著减少患相关疾病的危险。人在进行有氧运动时，由于肌肉收缩而需要大量的营养物质和氧气，心脏的收缩次数便增加，而且每次输出的血液量也较平常多。同时，氧气的需求量也增加，呼吸次数比正常多，肺部的收张程度也较大。所以，当运动持续、肌肉长时间收缩时，心肺就必须努力地给肌肉供应氧气，以运走肌肉中的代谢物。而这持续性的需求，可提高心肺耐力，增强心肺功能，可使人体从事更长时间或更高强度的运动，并且不易疲劳。

有氧运动可以有效地消耗体内的脂肪。在细胞的燃料中，脂肪是体内最大的能源储备，也是运动中补充能量的一个重要来源。在较长时间的低强度的有氧运动中，脂肪氧化供能超过糖的供能，脂肪供能的相对比例随运动时间的延长而增长，这一过程可以有效防止脂肪在体内过多地贮存。

有氧代谢运动可以促进胆固醇的代谢与分解，对于人类预防动脉粥样硬化和冠心病有积极的作用。

有氧运动能有效地提高肌肉的耐力。肌肉耐力与氧供给能量有密切关系，当毛细血管中的血液含氧量较多时，肌肉对氧的利用率就高。有氧运动锻炼能增加毛细血管的数量和血液含氧量，因此长期的有氧运动能提高肌肉的耐力。有氧运动对呼吸循环系统功能的刺激较强，能有效地提高人体的体能。

坚持不懈地进行有氧运动，使身体活动起来，可以使机体呼吸、循环、消化、神经、内分泌、肌肉骨骼造血系统等身体器官得到自然的刺激，可促进青少年的协调生长和发育，可使中年人保持旺盛的精力，并发挥各器官的正常效能，可使老年人的体力衰退保持在较低的限度内。

（3）有氧运动的具体要求

有氧运动的强度一般用靶心率表示。靶心率是指运动时需要达到的目标心率，它是判断有氧运动强度和效果的重要依据和标准。有氧运动严格的界定标准需要通过血液生化检测的指标，如血乳酸的水平来判定，但在实践中，最简单的方法就是通过了解运动中的心率来判断。

研究表明，有氧运动心率有一个特定的范围，而且在运动中，最好使心率维持在这个特定的范围内，并延续一定的时间，才能获得理想的锻炼效果。心率过慢，健身效果差；但心率过快，又存在对健康的威胁。只有在运动中维持适宜的心率，才能取得较好的健身效果，但每个人的健康状态和体质状况不同，健身运动时的有氧运动靶心率范围也不同。

有氧运动靶心率的计算公式如下：

年轻人：（220-年龄）×85%。

中年人：（220-年龄）×70%。

老年人：（220-年龄）×60%。

运用上面的公式计算可以得出，年轻人的有氧运动靶心率是 160～170 次／min，中年人的有氧运动靶心率是 119～130 次／min，而老年人的有氧运动靶心率最好保持在 102 次/min 以下。

自我感觉是掌握运动量和运动强度的重要指标，包括轻度呼吸急促，感到心跳加速、周身微热、面色微红、津津小汗，这表明运动适量；如果有明显的心慌、气短、心口发热、头晕、大汗、疲惫不堪，表明运动超限。如果你的运动始终保持在"面不改色心不跳"的程度，心率距靶心率相差太远，那就说明你的锻炼不可能达到增强体质和耐力的目的，还需要再加点量。

后发症状即运动过后的不适感觉，也是衡量运动量是否适宜的尺度。一般情况下，人在运动之后，会有周身轻度不适、疲倦、肌肉酸痛等感觉，这些感觉在休息后很快就会消失，这是正常现象；如果症状明显，感觉疲惫不堪、肌肉疼痛，并且一两天不能消失，这说明中间代谢产物在细胞和血循环中堆积过多，这是无氧运动的后果，说明下次运动就需要减量了。

2.无氧运动

（1）无氧运动的概念及特点

无氧运动是指在"缺氧"状态下的高速剧烈运动。在速度过快和爆发力过猛的运动中，人体的糖类和脂肪来不及经过氧化分解，只能通过无氧供能，导致体内产生过多的乳酸，致使肌肉疲劳、酸痛。

这类运动大部分是负荷强度高、瞬间性强的运动，所以很难长时间持续，而且疲劳消除的时间也长。

（2）无氧运动的健身作用

①提高身体免疫力。无氧运动是一种通过锻炼肌肉让身体变得更强壮的运动方式，它可以增加肌肉的新陈代谢率，提高身体免疫力。

②降低患病死亡的风险。无氧运动使肌肉的收缩速度和力量均能提高，可有效降低因疾病带来的死亡风险，降低骨质疏松的概率。无氧运动对增加肌肉耐力、提高速度的贡献很大。

常见的无氧运动项目有短跑、举重、投掷、跳高、跳远、拔河、俯卧撑、肌力训练，等等。

（二）准备运动与放松运动

1.准备运动

（1）准备运动的概念

准备运动是人在体育运动前进行的有意识、有目的的各种身体练习，它包括一般性准备运动和专项性准备运动，是使人体由相对静止状态过渡到紧张状态的活动。

准备运动的内容和时间的长短应根据锻炼的项目、内容、季节变化和人的身体条件来安排，一般来讲，以人的身体稍微发热、心率上升到110~160次/min为宜，以人的内脏器官、肢体的活动幅度和肌肉力量等方面达到适宜的工作状态为宜。

（2）准备运动的意义

准备运动可以使体温和肌肉温度升高，骨骼肌代谢加快，血流量和氧的运输量增加，使骨骼肌的反应速度加快，有利于防止肌肉痉挛。特别是在冬季锻炼和夏季游泳锻炼之前，进行充分的准备活动更为重要。

充分的准备运动可使人的机体达到运动锻炼前的最佳状态，如在进行力量锻炼前，心率应达到110次/min左右，方可进行训练，否则，肌肉力量不能充分调动，不能发挥其应有的水平，对人的机体十分不利。

准备运动可使人的韧带和关节得到充分伸展、润滑。在运动受伤的人群中，有相当一部分人是由于没有做充分的准备运动而受伤的。

准备运动中的伸展可明显提高人的韧带弹性，增加关节体液，有助于防止运动损伤。

（3）准备运动的方式

①一般性准备运动：主要包括队列及队形练习、徒手体操、轻器械操、韵律操、走及慢跑、伸展性练习、一般性游戏等。

②专门性准备运动：在进行运动难度、强度较大的练习之前，一般都应做一些专门性的准备活动。例如，大学生在进行短距离跑练习前，可做一些小步跑、高抬腿跑、后蹬跑等跑的专门性练习；在进行跳跃项目锻炼前，可做一些单足跳、跨步跳及助跑起跑的练习；在进行投掷类项目锻炼前，可做一些持器械助跑（滑步、旋转）练习；在进行球类项目锻炼前，可做一些熟悉的练习。

2.放松运动

（1）放松运动概念

放松运动就是在运动结束后所做的一些轻度的或中等强度的运动。人体由紧张激烈的肌肉运动阶段逐渐过渡到相对安静的阶段，加速人体机能恢复的、较轻松的身体练习，是消除疲劳、促进体力恢复的良好措施。放松运动应着重进行全身性的放松，尽量采用轻松、活泼、柔和的练习方式，活动量减少，节奏逐步减慢，使呼吸频率和心率下降。

（2）放松运动的意义

放松运动可促进局部肌肉的血液循环，促进乳酸在骨骼肌和心肌内的氧化。在运动结束后，尤其是在高强度的运动后，人体内会积累大量的乳酸，而放松运活动可以使这些积存的乳酸得到一定的分解，从而减少运动后身体的疼痛感。

在放松运动中做一些深呼吸运动，可把体内的二氧化碳呼出，吸进大量的氧气，以补充紧张的肌肉活动后机体欠下的不同程度的"氧债"，保证人体的需要；预防运动骤然停止可能引起的机体功能失调，使回心血量增加、血压升高，避免大脑因一时性贫血而出现的头晕或休克等现象。

放松运动的方式一般有走步、慢跑、伸展运动、放松舞蹈，以及动作和缓的游戏等，但起始的活动应与刚刚结束的运动相衔接，尤其是参加赛跑、滑冰和自行车等项比赛时，到达终点后必须再继续前进一段距离，逐渐降低速度，然后做腿部屈伸和呼吸等动作，促使下肢的血液能够很快地流回心脏，以及防止脑贫血的发生。

一般说来，放松运动着重进行深呼吸运动和较缓和的全身运动。

二、运动处方

（一）运动处方概述

1.运动处方的概念

运动处方这一概念是美国生理学家卡波维奇提出来的，最初是作为体育医疗的一种措施，近年来，随着大众体育的开展，运动处方已发展成为指导一般体育锻炼的原则和对锻炼者的医务监督手段。

运动处方是由康复医师、康复治疗师或者体育教师、社会体育指导员、私人健身教练等，根据患者或者体育健身者的年龄、性别、一般医学检查、康复医学检查、运动试验、身体素质/体适能测试等结果，按其年龄、性别、健康状况、身体素质，以及心血管、运动器官的功能状况，结合主客观条件，用处方的形式，制定对患者或者体育健身者适合的运动内容、运动强度、运动时间及频率，并指出运动中的注意事项，以达到科学地、有计划地进行康复治疗或预防健身的目的。

运动处方与医生给病人开的医疗处方类似，按照锻炼者的年龄、性别、健康状况、身体机能水平和锻炼的经历，用处方的形式，规定适当的运动内容、锻炼方法和运动量。

2.确立锻炼目标

确立锻炼目标，对制定一份运动处方十分重要。目标可以使人清醒地把握自己，促使自己去实施锻炼的方案，当达到目标后，能增加人的成就感，提高自信心，从而激励自己终身参加体育锻炼。

锻炼目标可分为短期（8~10周）目标、中期（18~20周）目标和长期（50周左右）目标，目标的实现可激励人们继续进行锻炼。目标可随个体的需要和环境的变化而进行调整，但不应该频繁更改。

人们设定的目标必须是具体的和现实的，应该是通过努力能达到的锻炼目标，切忌好高骛远，因为实现不了的目标会使人灰心丧气。

3.选择锻炼模式

锻炼模式指个体进行锻炼时所从事的运动项目，应根据个人的需要和目标来选择锻炼模式。在选择锻炼模式时，应因人而异，要考虑到个体的年龄、性别、健康、体能和身体结构等状况。为提高与健康有关的体能水平，每周锻炼应不少于 3 次。

运动强度是指锻炼时人体承受的生理负荷量。运动强度可分为大、中、小三级，测量心率是判断运动强度的标准方法。在运动处方中，应规定运动强度应达到而不应超过的心率标准，心率标准应根据锻炼者的实际情况而有所不同。

选择适当的运动持续时间。运动持续时间是指用在主要锻炼内容方面的总时间，不包括准备活动和整理活动所花费的时间。运动持续时间在很大程度上取决于运动强度，运动强度越低，持续时间则越长，当运动强度较大时，持续时间应稍短，才可产生良好的锻炼效果。研究表明，要有效地提高身体的健康和体能水平，每次锻炼的时间不能少于 30 min。

（二）制定运动处方

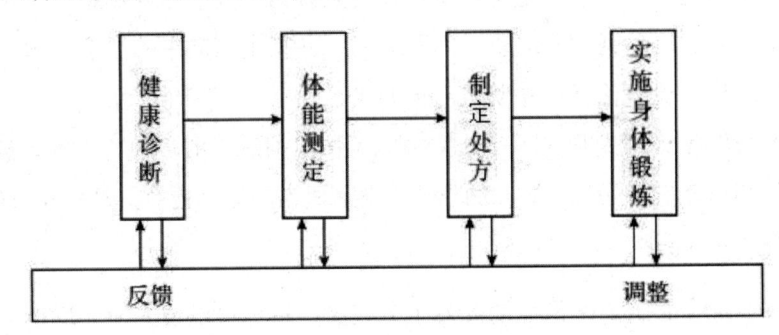

1. 制定运动处方的步骤

制定运动处方的步骤如图 2-1 所示。

图 2-1　制定运动处方的步骤

2. 健康诊断和体能测定

在制定运动处方之前，要对身体进行系统的健康检查，健康诊断之后进一步做体能测定，目前多采用 12 min 跑（哈佛台阶试验）的方法来测定体能。根据健康诊断和体能测定的情况，开出处方，再按照处方进行实际锻炼。经过一个阶段的锻炼，再进行诊断和测定，以检查和评定锻炼的效果，为重新修订运动处方提供依据，使之更符合人的现阶段锻炼的实际要求。

3. 运动处方的格式

运动处方可根据不同的需要，制定成表格样式，详见表 2-2。

表 2-2 常用的运动处方格式

姓名	李**
性别	女
年龄	20 岁
职业	学生
体育爱好	羽毛球、游泳、乒乓球
健康检查	良好，身高 1.60 m，体重 66 kg，体质中度超标，病史无特殊
运动负荷测定	台阶实验，安静脉搏 76 次/min，血压 70/115 mm 汞柱，肺活量 2 750 ml
体能测定	力量：仰卧起坐 23 个/min；耐力：800 m，用时 5′10″
体质评定	健康状况良好，体重过重，心肺功能稍差
运动目的	减肥和健身
运动项目	乒乓球、健身跑、健美操、排球、篮球
运动强度	由小逐渐加大，心率在靶心率范围，即 140～170 次/min
运动时间	12 周（减少体重 3～4 kg），每次 40～60 min
运动频度	每周 4～5 次
注意事项	适当控制饮食，减少油脂和糖的摄入，可吃一定的蔬菜、水果，运动后相对控制水的摄入量，患病时应停止运动
自我监督	心率指数
处方者	20**年**月**日

（三）常见运动处方介绍

1.增肌类运动处方

增肌类运动处方见表 2-3。

表 2-3 增肌类运动处方示例

运动目的	增强肌肉力量
运动项目	运动方式以力量练习为主，可以选择练习全民健身路径中的力量练习器械、哑铃、健身俱乐部各种力量练习器械等

续表

运动强度	运动心率控制：130～150 次/min，代谢强度为中到大，用力级别为70%～80%
运动时间	20 次×（3～5）组
运动频度	每周 2～3 次
注意事项	防止过度疲劳，不要长时间憋气，呼吸与动作具有一定节奏，按照上肢到躯干再到下肢的顺序，不专做同一部位的练习，适当控制饮食，生病时应停止运动

2. 减脂类运动处方

减脂类运动处方见表 2-4。

表 2-4 减脂类运动处方示例

运动目的	改善身体体形，控制体重，减少脂肪
运动项目	主要以长时间、中低强度的有氧运动为主，如慢跑、快走等
运动强度	一般运动强度可达本人最大吸氧量的 60%～70%，或者最高心率的 70%～80%
运动时间	每次运动时间不少于 1 h，持续时间可视减脂要求而定，晚饭前 2 h 运动最佳
运动频度	一般每周锻炼 4～5 次为宜
注意事项	减脂运动不能急于求成，要持之以恒，运动强度不要太大，运动量由小到大，循序渐进，但运动时间要尽可能地长，运动应与饮食控制结合，停止运动后要防止反弹，运动时要注意安全，防止运动损伤

3. 耐久力类运动处方

耐久力类运动处方见表 2-5。

表 2-5 耐久力类运动处方示例

运动目的	改善心肺功能，提高肌肉耐力，增强体质
运动项目	运动项目有氧慢跑、登山、练习全民健身路径中的力量练习器械等。另外，传统体育运动和球类运动也可以提高肌肉耐力，如太极拳（剑）、木兰拳（剑）、篮球、足球、排球、乒乓球、羽毛球、网球等，还有健身走、游泳和有氧体操（秧歌、健身操、舞蹈等）等

续表

运动强度	前两周，起始运动强度为70%×（220－年龄）次／min，例如年龄是20岁，起始运动心率＝70%×（220－20）＝140次/min；从第三周开始，基本运动时间为每次60 min，运动强度为85%×（220－年龄）次/min；从第十三周开始，基本运动时间可减到50 min，运动强度保持在（75%～80%）×（220－年龄）次/min
运动时间	身体健康且经常参加锻炼者，每次持续运动时间为30～40 min，从未参加运动锻炼或者身体虚弱者，在锻炼的初级阶段，每次运动时间可以适当减少，当身体适应后再逐渐增加
运动频度	一般每周3次或者隔日一次，30～60 min/次。其中，达到适宜心率的时间必须在30 min以上，达到40 min以上的运动效果更好

4.健心类运动处方

健心类运动处方见表2-6。

表2-6 健类心运动处方示例

运动目的	促进身心健康，提高社会适应能力
运动项目	根据自身情况，可以选择参加学校的足球、篮球、排球、乒乓球、网球、轮滑等社团，帮助自己逐步适应集体活动
运动强度	一般运动强度可达本人最大吸氧量的60%～70%，或者最高心率的70%～80%
运动时间	每次运动时间不少于30 min
运动频度	一般每周锻炼3～4次为宜，3个月为一个周期，一般要坚持两个周期
注意事项	要持之以恒，运动强度不要太大，运动量由小到大，循序渐进，运动时要注意安全，防止运动损伤

第三节　体育锻炼的方法与原则

一、体育锻炼的方法

体育锻炼的效果在很大程度上取决于锻炼方法的正确运用与否，每个人都应根据锻炼的特点，结合锻炼的目的，制定具体的实施方法。体育锻炼从不同的角度出发，可有不同的分类方法，一般来说，比较常用的锻炼方法有以下几种：

（一）重复锻炼法

重复锻炼法是指按一定的负荷标准，重复进行某项练习，以获得健身效果的途径。

重复的次数和时间是决定健身的关键，锻炼过量会导致疲劳积累，锻炼不足则无益于健康。确定和调节重复的次数、时间应考虑项目的特点，如进行健身跑、太极拳、广播操锻炼，就要不同于足球、篮球的锻炼。重复锻炼要注意克服厌倦情绪，防止机械呆板。每次重复都应达到运动负荷的有效价值范围，当身体反应超过运动负荷上限时，可减少重复锻炼或暂停锻炼，当身体反应运动负荷不足时，可适当增加锻炼或变换方式。

（二）持续锻炼法

持续锻炼法是指在相对较长的时间里，用较稳定的强度，无间歇地持续进行锻炼的方法。它主要用于运动技术比较简单、锻炼者运动技能比较熟练的项目，如长跑、游泳、骑自行车、划船等。

持续锻炼法的主要特点在于锻炼的时间相对较长，一次锻炼的量比较大，但锻炼的强度相对比较小且稳定。因此，用这种方法进行锻炼，对有机体刺激所产生的影响比较缓和，有利于心血管和呼吸系统机能的稳步提高，调节大脑皮层兴奋和抑制过程的均衡性。持续锻炼法所获得的效应显现较慢，但比较稳定，消退也较慢。

（三）间歇锻炼法

间歇锻炼法是指重复锻炼之间的合理休整，它是一种提高锻炼效果的常用锻炼法。

间歇锻炼法间歇时间的长短，主要以负荷的有效价值范围为准。一般说，当负荷超过上限时，间歇时间应长些，以防止负荷继续上升，造成体力消耗过量，引发潜在的运动损伤；在负荷下限时，可连续进行，间歇时间应短，密度应大，后次锻炼应在前次锻炼的效果未减退时进行，倘若间歇过长，在效果消失后再进行锻炼，则会失去锻炼的意义。

（四）变换锻炼法

变换锻炼法是指在锻炼过程中有目的地变换练习条件的情况下进行锻炼的方法。练习条件包括练习的环境、练习的运动负荷（速度、负重量、距离、时间）和练习的动作组合等。

变换锻炼法可以广泛地运用于各运动项目的身体、技术和战术锻炼。通过变换练习，可以提高锻炼者对各种负荷刺激的适应能力，能培养多种运动感觉，如时间感、空间感、速度感和节奏感等，还能有效地调节生理负荷，提高兴奋性，强化锻炼意向，避免锻炼的单调、乏味，提高练习的兴趣和积极性，克服疲劳和厌倦情绪，以达到提高锻炼效果的目的。在练习中，为了纠正错误动作，可适当减轻练习的重量，降低对动作速度、速率的要求，错误一旦得到纠正，就应及时变换到正常条件下练习。

（五）循环锻炼法

循环锻炼法是一种将各种类型的动作、具有不同练习效果的手段，组成锻炼项目，按一定的顺序，循环往复地进行锻炼的方法。

循环锻炼法所布置的各个练习点，内容要慎重搭配，动作应是已经学会的、简单易行的，如杠铃挺举、双人推小车、背人走跑、蹲跳、俯卧撑、蛙跳、仰卧起坐和跳绳等。

循环锻炼法应规定好练习的次数、规格和要求，由于各练习点的动作、器械不同，花样翻新，交替进行，可激发兴趣、减轻疲劳、提高密度，有显著的健身价值。现行的各种形式的趣味体育、群众体育等，在很多情况下都是根据循环锻炼法进行的。

（六）综合锻炼法

综合锻炼法是指多种练习方法的结合运用，它能更有效地调节运动负荷，更好地符合练习内容的要求，从而有效地提高身体素质，取得良好的锻炼效果。

在采用综合锻炼法时,应注意练习手段、运动负荷、练习间歇及练习程序的安排,从实际情况出发,合理安排。

二、体育锻炼的原则

体育锻炼能促进身体的生长发育,增强体质,提高适应能力,使人延年益寿,但要取得理想的效果,必须正确地理解和遵循体育锻炼的原则(见表2-7)。

表2-7 体育锻炼的原则

原则	概念	贯彻此原则的要求
自觉性原则	自觉性原则也称意识性原则,是指体育锻炼者应有明确的锻炼目的,自觉、积极地进行体育锻炼	1.要提高体育锻炼对人生、事业重要性的认识,明确体育锻炼的目的,树立体育锻炼有利于学习、生活、工作和劳动的观念 2.不断深化认识体育锻炼的价值,选择适合自身体质状况的体育锻炼方法进行体育锻炼,力争取得最佳的锻炼效果 3.学习掌握自我锻炼的有关知识和技能,逐渐养成对体育锻炼的兴趣,并通过信息反馈了解锻炼的效果,提高锻炼的自觉性
适量性原则	适量性原则是指在体育锻炼中,恰当地安排运动负荷,使之既能满足锻炼者增强体质等需要,又符合身体的实际承受能力	1.掌握锻炼强度,强度是练习对身体刺激程度的计量。锻炼强度应因人而异,采用心率测定法来掌握 2.锻炼时间一般因强度大小而有所不同,5 min 以上都属有效范围。学生锻炼可采用较大强度的短时练习 3.负荷由小到大,逐渐提高,开始进行体育锻炼时或中断锻炼后恢复锻炼时,运动负荷应该小一些,经过一段时间的锻炼后,身体机能有所提高,可适当增加运动负荷
经常性原则	经常性原则是指进行体育锻炼是一个长期	1.体育锻炼效应的不断积累,身体将会产生肌肉酸痛等正常的生理反应。随着锻炼效应量的增加,将会产生

续表

原则	概念	贯彻此原则的要求
经常性原则	的、经常的行为。体育锻炼必须持之以恒，把它作为生活中不可缺少的一项重要内容	质的变化。在这个变化之间，要用顽强的意志，努力完成每次锻炼的内容，做好短期安排，并严格执行 2.体育锻炼的效果不是一劳永逸的，要想获得好的锻炼效果，必须根据自己的实际情况，采取自己身体所能适应的运动负荷，确定可行的目标和计划，并严格执行 3.影响健康状况的因素有很多，经常参加体育锻炼要从身体的实际出发，不可勉强进行
循序渐进原则	体育锻炼的内容、方法、要求和运动负荷等要根据每个人的实际情况而有所区别。人体各器官机能的提高要有一个适应过程，如果违反这一规律，既不利于增强体质，又会损害健康。只有循序渐进、持之以恒，人体的基本活动能力才能保持和不断提高，体质才能增强	1.选择体育锻炼内容时，要根据自己的体质合理选择。一个人如果体质较好，可以选择无氧代谢较大的、活动较为激烈的项目进行锻炼；如果体质较差，则可以选择以有氧代谢为主的、活动较为缓和的项目进行锻炼，当体质渐渐增强后再转换活动项目 2.处理好运动量与运动强度的关系，通常情况下，在提高运动量的基础上，逐步增加运动强度 3.人体在进行体育锻炼时要经历上升阶段、稳定阶段和下降阶段。无论进行哪种体育运动，首先要进行预热，即通常所说的准备活动，使身体进入"备战"状态，然后才能正常工作。锻炼结束后，要进行适当的放松活动，如同广播体操做完最后一节都要有个"整理运动"一样，可以消除疲劳，加快锻炼后的身体恢复
全面发展原则	全面发展原则是指锻炼中必须安排身体不同部位的活动，特别是各种不同性质的活动，以追求人体的均衡发展	1.在体育锻炼中，要注意全面锻炼身体，要把身体形态锻炼与内脏器官的锻炼紧密结合起来，形成肌体全面协调发展 2.在体育锻炼中，要从改善身体形态入手，提高机能的实际效果，培养心理素质，即把陶冶情操与愉悦心理有机结合起来，不断地增强机体适应自然环境和抵抗疾病的能力 3.在提高身体素质的锻炼中，要根据自己的年龄和其

续表

原则	概念	贯彻此原则的要求
全面发展原则		他特点，选择锻炼内容，并处理好所选择的各个锻炼项目之间的关系 4.注意肢体的对称运动，不要长期只从事一侧肢体的活动，应使机体得到均衡发展。另外，要注意活动全身，不要限于局部
区别对待原则	区别对待原则是指在体育锻炼中，根据锻炼者的年龄、性别、爱好、身体条件、职业特点，以及季节、地域等客观条件，合理地确定锻炼内容，选择方法手段和安排运动负荷，使之符合实际需要，做到区别对待，使体育锻炼更具有针对性	1.根据年龄特点，选择体育锻炼项目 2.根据自己的健康状况，进行锻炼 3.根据职业特点，选择体育锻炼项目 4.根据季节和地域情况，选择体育锻炼项目

第四节 体育锻炼效果的评定与指标

一、体育锻炼效果测评的方法

体育锻炼效果的测评有多种多样的方法，可根据不同的需要加以选用。

（一）自我测评与他人测评

自我测定与评价多采用主观感觉、观察进行定性检查和评价，也可采用较为简易的定量测定与评价方法，这是体育锻炼最常用的方法，其特点是方法简便、及时，便于操作，但主观成分较大。

他人测定与评价是根据特定要求进行的，需要一定的设备和仪器，要有一定的组织工作，但客观性较好，比较规范。

（二）主观测评与客观测评

主观测定与评价即评价人根据观察、感觉和个人经验等来评价健身锻炼的效果，既可由锻炼者个人进行，又可由他人进行。该法不需要仪器设备，简便易行，缺点是客观性较差。

客观测定与评价是借助测试仪器设备，用规范的方法获得精确的数据，用一定的标准去评价锻炼效果。

（三）单一指标测评与多指标综合测评

单一指标测定与评价是只选择一个指标，对身体锻炼的某一方面效果进行测定与评价，例如，在长跑锻炼中采用时间测定与评价法，在减肥锻炼中采用体重测定与评价法。这种测定与评价方式较为简便，针对性强，能较灵敏地反映身体锻炼后某一方面机能和能力的改善情况。要使单一指标测定与评价更为有效，重要的是选择合理、有效的测定与评价指标和进行科学的测定。

多指标综合测定与评价是从锻炼者体质和身体锻炼的特定需要出发，精选若干个测定指标，组成一个测定体系，对锻炼对象进行测定，再利用一定的权重关系对锻炼者的身体锻炼情况作出综合评判，例如我国的《国家学生体质健康标准》《国家体育锻炼标准》等。

多指标综合测定与评价的具体方法有很多，可以是定性评价，但以定量评价为主。在定量测定与评价的若干因素中，可以采用单项评分累加法、平均法、标化加权法、相关法、指数法等。在选用各类指标时，要尽可能全面地反映身体锻炼不同方面的效果，避免同类指标的重复。

（四）对个体的测评与对群体的测评

对个体的测定与评价是以某个人作为测定评价对象，运用有关手段、方法进行测定评价的方法。

对群体的测定与评价是在对个体进行测定与评价的基础上，对某一特定群体的身体状况和体育锻炼效果进行测定与评价，例如对某个学校学生进行的整体评价。

有了对不同群体的身体状况和体育锻炼的测定与评价结果，就可以进行不同群体之间的比较分析，而个体也可以用群体指标作为参照系，评价自身的身体状况，并对体育健身过程加以综合分析。

（五）对锻炼结果的测评与对健身过程的测评

对体育锻炼结果的测定与评价侧重对健身锻炼结果（即某一锻炼单元结束后的成果）的测定与评价，是因果关系的评价。这种评价结果往往对大学生提高锻炼的积极性有直接的推动作用，但运用的周期较长。

对体育锻炼过程的测定与评价则是对健身锻炼过程状态的检查，是一种由因推果的方法。例如，根据运动处方的要求组织的测定与评价，可使锻炼者达到所规定的运动强度、运动时间和频度。由于它侧重对行为本身的评价，方法简单，标准明确，所以能直接推动人们参加身体锻炼。

（六）静态测评与动态测评

静态测定与评价是在锻炼者处于静息或相对安静时所进行的测定与评价，如测定与评价锻炼者的基础脉搏、血压、锻炼前的脉搏等。

动态测定与评价则是对锻炼者的锻炼过程进行的测定评价与控制，如根据遥测心率计测定和控制锻炼者的心率变化。

静态测定与评价主要是了解锻炼者的长期适应情况，以评价身体锻炼的效果，而动态测定与评价则有助于了解身体在运动时的反应，以及身体运动指标等。

（七）瞬时测评与延时测评

瞬时测定与评价主要在身体锻炼过程中运用，常用于对身体锻炼负荷量度的控制，如测定运动中的各种生理生化指标、身体练习的刺激大小和身体对负荷的适应情况。

延时测定与评价主要测定与评价身体锻炼的积累效果，通过分析人体处于常态时的身体状况，以评价其效果。

二、评定体育锻炼效果的指标

（一）形态学测评指标

体育健身效果的形态学测定属于人体基本测定，主要包括体重、身高、坐高、胸围和呼吸差、皮褶厚度等指标。与此同时，由上述单一指标派生出的复合指标，对评价身体锻炼的效果更为有利。

1.体重

使用标准体重计或台秤测量体重。将体重计放在平坦的地面上，调整零点（旋转右侧螺旋调节）。受测者自然站立在体重计或台秤的中央，并静止不动，移动游码至刻度尺平衡后并记录。记录以 kg 为单位，精确到小数点后 1 位。

2.身高

使用标准身高计测量身高，受测者赤脚，以立正姿势（躯干挺直，上肢自然下垂，足跟并拢，足尖分开成 60°）站在身高计的底板上，头部正直，两眼平视，足跟、骶骨及两肩胛间与立柱接触。检测员站在受测者右侧，调整受测者头部，使其耳屏上缘与眼眶下缘最低点保持在同一水平线上，然后下移水平板，轻压在受测者头顶。记录时以 cm 为单位，精确到小数点后 1 位。

3.坐高

使用身高坐高计测量身高，检查坐板是否水平，高度（成人 40 cm，儿童 25 cm）、前后宽度是否合适。受测者坐在身高坐高计的坐板上，骶骨、两胛间及头部位置、姿势与测身高相同。检测员将水平压板轻轻下压，并记录受测者身高。记录以 cm 为单位，精确到 0.5 cm。

4.胸围和呼吸差

使用带尺测量胸围和呼吸差，在使用前用钢尺校正。受测者自然站立，两臂自然下垂，平静呼吸，将带尺环绕胸部一周，背部带尺上缘置于肩胛骨下缘，胸前带尺的下缘置于乳头上缘。平静时的胸围要在平静呼吸的呼气末来测量，在深吸气末和深呼气末各测胸围一次，计算呼吸差。

胸围受后天因素的影响比较明显，经常从事健身锻炼，特别是有氧锻炼的人，能有效地加大胸围和呼吸差。一般人的胸围呼吸差只有 6~8 cm，而健身锻炼者的胸围呼吸差可达到 8~10 cm，甚至超过 12 cm。

5.皮皱厚度

皮皱厚度指皮下脂肪的厚度。皮皱厚度的测量结果可以用以评定身体成分，推算出全身脂肪重和瘦体重。某些身体形态学指标还可派生出一些复合指标，更能有效地评价身体生长发育情况，如采用以下方法：

（1）身高体重指数，可表示每厘米身高的体重值，计算方法为：

$$体重（kg）/身高（cm）\times 100\%$$

但该指标受身高的影响较大，身体越高，评价的准确性相对较低。

（2）身高胸围指数，表示胸围占身高的百分比，计算公式为：

$$胸围（cm）/身高（cm）\times 100\%$$

（3）身高、体重、胸围指数，计算公式为：

$$[体重（kg）+胸围（cm）]/身高（cm）\times 100\%$$

该指数包含了身体的长、围、宽和密度，能较好地反映出体格情况。

（4）身高坐高指数，计算公式为：

$$坐高（cm）/身高（cm）\times 100\%$$

指数越大，说明躯干越长。

在《国家学生体质健康标准》评价指标中，采用"身高标准体重"指标。该指标是在标定身高这一指标的前提下，通过测定体重的变化情况，分析人体体型的优劣，并在调查数据的基础上制定了 5 级评分表。

（二）运动学测评指标

体能是身体素质和运动能力的通称。体能的测定与评价属于人体运动学测定，它是通过完成某些规范化的运动项目，借助测定工具获得专门数据，依据某些标准来评价身体能力的发展状况和水平。

对锻炼者进行体能测定，可准确地了解锻炼者体能的发展情况和锻炼效果，相应地采取有效措施，克服薄弱环节，保持身体能力的协调发展。

1. 力量测评

常用的力量测定手段有测握力、背力、俯卧撑和仰卧起坐等。

（1）握力测定可用以评价上肢和手指屈肌力量

在进行握力测定时，要使用弹簧式或电子式握力计。受测者两脚自然分开约一脚距离，身体直立，手心向内持握力计，握力计指针朝外。先将指针调整至零位，然后转动握距调节钮，使食指第二关节屈指成直角，用最大力紧握上下两个把柄。用力手测两次，取最大值。

（2）背力测定可用以评价背肌力量

在使用背力计时，受试者站在背力计底盘上，两脚尖分开约 15 cm，膝关节伸直不动，上体前倾约 30°，两手正握背力计的把柄，伸直背，上体抬起，由缓慢用力至全力拉。测两次，取最好成绩。

（3）用以锻炼和评价上肢肌与肩带肌力量

在平坦场地上进行力量测试，要求受试者手掌与脚尖在同一平面上。受试者双手按地，手指向前，两手距离与肩同宽，两腿向后伸直，身体挺直，然后屈臂使身体平直下降，至肩与肘成平面，此时两肘和头的投影线为正三角形，躯干、臀部和下肢要挺直。

2. 柔韧性测评指标

（1）站立体前屈

设一平面方凳，在凳子侧面安装一把刻度尺，台面处刻度为 0，往上 25 cm，往下 40 cm。受试者双脚靠拢站立于方凳上，两腿伸直，上体前屈，两手臂尽量下伸，两手指尖（要齐）伸向标尺，努力使指尖触到最下端的刻度。如指尖达不到 0 点，则其成绩前加负号。记录其最好成绩，精确到小数点后 1 位。注意动作不要过猛，头要置于两臂中间，两手要并直。

（2）坐位体前屈

使用坐位体前屈测量计进行坐位体前屈测量。受测者坐在平坦的垫物上，两腿伸直，脚跟并拢，脚尖分开 10～15 cm，踩在测量计平板上，然后两手并拢，两臂和手伸直，渐渐使上体前屈，用两手指尖轻轻推动标尺上的游标前滑，直到不能继续前伸。测两次，取最好成绩，记录以 cm 为单位，精确到小数点后 1 位。

3.速度测评指标

（1）反应时

反应时用以评价中枢神经系统的反应能力和神经肌肉的协调能力。使用反应尺进行反应时测试，受测者坐在桌旁，受测臂放松平放在桌子上，手指伸出桌边约 10 cm，拇指与食指上缘在同一水平上，做好准备。检测人员抓住反应尺的上端，置反应尺的下端于受测者拇指与食指之间（不要碰到手指），反应尺的零点线与拇指上缘在同一水平上。受测者两眼凝视反应尺的下端，听到"预备"口令后，在反应尺下落时急速将反应尺捏住，记录拇指上缘处的反应尺的刻度。测 5 次，去掉最高值和最低值，计算中间 3 次数值的平均数。记录以 s 为单位，精确到小数点后 2 位。

（2）短距离跑

短距离跑用以锻炼和评价身体位移的速度，常采用 50 m 跑来测试。受试者在听到"预备"口令后，取站立式起跑姿势，听到"跑"的口令或枪声鸣响后，迅速沿跑道线跑出，记录通过终点线的时间。记录以 s 为单位，精确到小数点后 1 位。

4.耐力测评指标

常用的耐力测定手段有定距离跑、定时间跑等。

（1）定距离跑

最典型的定距离跑是库珀的 2 400 m 跑。2 400 m 跑可在室内或室外的跑道上进行，受试者做好准备活动后，要尽最大努力快跑，力争在尽可能短的时间内跑完预定的距离，根据时间评价受试者的耐力水平。

（2）定时间跑

定时间跑通常采用库珀的 12 min 跑。12 min 跑可在室内或室外的跑道上进行，受试者需先做好准备活动，特别要使下肢关节活动充分。测试开始后，受试者要在规定的

12 min 内，尽最大努力跑（或走跑交替）到终点。记录所能达到的最大距离（m）。注意，受试者在跑时要尽全力，最好用匀速跑完全程，如在跑的过程中感到呼吸困难，可稍放慢速度，使呼吸恢复正常。再根据相应的评分表评价身体耐力状况。

（三）医学生理学测评指标

1.脉搏的测评

心脏跳动频率测定，常采用脉搏测定法。与健身锻炼有关的脉搏测定，可测安静时脉搏、基础脉搏和运动前后脉搏。其测定方法是：以食指、中指、无名指轻压在受测者的桡动脉上，以 10 s 为单位，连续记数其脉搏频率。

如果连续三个 10 s 的脉搏数是一样的，说明此时脉搏趋于稳定，即以这个数字乘以 6，得出受测者每分钟的脉搏频率；如果受测者相邻两个 10 s 的频率只差一次，连续测时每两个 10 s 的情况都是这样，则可用邻近两个 10 s 的频率相加乘以 3，即得每分钟的脉搏频率；如果相邻两个 10 s 的频率为 10 次和 11 次，则可以用（10+11）×3，得出 63 次/min。脉搏频率也可以用听诊心音测定心脏跳动频率来得出。

2.血压的测评

正常人在安静时的动脉血压较为稳定，收缩压一般为 90～120 mm 汞柱，舒张压一般为 60～90 mm 汞柱。随着年龄的增高，动脉血压也逐渐增高，但收缩压的增高比舒张压的升高更为明显。

在正常情况下，清晨人的血压应比较稳定。如果锻炼负荷适宜，血压变化范围不超过 10 mm 汞柱；如果发现清晨人的血压较平时增加 20%，而且血压有明显的上升趋势，在排除疾病因素以后，则可能是运动量过大和疲劳积累的征兆。有条件的家庭和锻炼者，可自备血压计，定时进行血压测定和评价。

3.肺活量的测评

肺活量作为呼吸机能健康程度的指标之一，是呼吸肌收缩运动的结果，因而是对体质和健康水平进行评价的重要指标。肺活量越大，说明呼吸系统的功能越强。肺活量受后天影响较大，健身锻炼能增强呼吸肌的收缩能力，扩大胸廓活动范围，从而导致肺活量的增加。

4.屏息试验（闭气试验）

屏息试验是一种测定和评价机体耐受低氧能力的简易方法，屏息时间越长，说明呼吸系统耐受能力越强，具体可分为以下两种情况：

（1）平静屏息

受试者静坐休息后自然呼吸，听到屏息口令后立即开始屏息，直至不能坚持为止。记录屏息时间。

（2）深吸气后屏息

受试者听到屏息口令后，先做一次深吸气，然后屏息。记录屏息时间。

5.最大吸氧量的测定

最大吸氧量是反映人体心肺功能的重要指标，也是有氧工作能力的重要指标。要分析锻炼者的心肺功能水平，就有必要测定这一指标。最大吸氧量的测定有两种方法，即直接测定法和间接测定法。

课后思考

1.简述体育锻炼对大学生身心健康的影响。
2.什么是运动处方？如何制定运动处方？
3.简述体育锻炼的基本原则。

课后实践

本章的课后实践见表2-8。

表2-8 课后实践表

活动主题	追逐
活动目的	1.在游戏中找到快乐，提高学生参加体育活动的积极性 2.活跃大脑神经，提高思维能力，劳逸结合
场地器材	号码布、空旷场地
活动方法	1.学生围成一个圆圈并报数，这样，每个人都有一个"代号"即数字，将与其对应的号码布发到该学生手上（将号码布别在胸前）

续表

活动方法	2.以两人或三人的形式分成若干个小组，但此时队形仍然保持圆形 3.一个同学站在圆形的中间，即是"捕者"，可以随意挑选一个同学，问他要追捕的对象是几号，即几号是"被捕者"，被问同学可以直接报一个数字，也可以运用数字运算题，间接地把"被捕者"的号码告诉"捕者"与"被捕者"。此时，要求"捕者"追逐"被捕者"，直至抓到"被捕者"
活动规则	若"被捕者"被抓到，则"被捕者"成为"捕者"，而"捕者"转化为"被捕者"中的一员，依此循环进行
个人总结	

注意事项：

（1）"捕者"必须站在圆圈的中间，这样对每个"被捕者"才公平。

（2）"被捕者"必须进入另一组，但要求相应组必须与原小组间隔一个小组，这样才算有效。

第三章 体育锻炼中的卫生和运动损伤

章节导读

运动与卫生保健是研究人体运动与卫生、健康、疾病损伤的关系的。卫生是指卫生学所拟定的各种指标和措施的具体实行。健康是指身体的、精神的、社会的完全良好状态。不能说无疾病就是健康，而疾病的发生是在一定的致病因素的作用下，机体原来的平衡遭到破坏，机体的组织、器官、代谢和结构发生了病理变化，进而影响健康和运动能力。

学习目标

本章的学习目标详见表 3-1。

表 3-1 学习目标

知识目标	能力目标	素质目标
1.了解人体卫生、运动卫生及女子体育卫生 2.了解运动损伤的概念、运动损伤造成的原因 3.明晰运动损伤急救的意义、原则及方法	1.掌握运动损伤的分类及运动损伤的预防措施 2.掌握常见运动损伤的预防和处理方法	1.掌握体能练习的运动强度和密度，提高体能锻炼的科学性和实效性 2.培养运动爱好和专长，使学生养成终身体育锻炼的习惯，形成健康的行为与生活方式

第一节 体育卫生保健

讲究卫生可减少致病因素对机体的作用,从而预防疾病,保障健康和运动能力。体育锻炼可增强机体对疾病的抵抗力,进而达到保障健康的目的。而卫生保健的目的在于运用卫生学和医学的知识与技能,对运动参加者进行医务监督和指导,使体育锻炼达到最佳效果。

一、人体卫生

(一)个人卫生

个人卫生见表 3-2。

表 3-2　个人卫生

项目	内容及要求
生活制度	稳定而有规律的日常生活制度,对于增进健康,提高工作和学习效率,提高运动成绩有良好的作用。在条件允许的情况下,一般应尽量保持生活制度的相对稳定。当然,随着工作、学习和锻炼情况的改变,生活制度也可作相应的调整
早锻炼	早锻炼的目的在于消除因睡眠留下的抑制状态,提高机体各系统的机能活力,为一天的学习和工作做好准备。大学生应养成良好的生活习惯,早晨起床后,应进行早锻炼。早锻炼的内容可根据自己的健康状况,进行做操、跑步等活动,但运动量不宜过大
服装	个人服装平时应保持清洁、美观、大方、大小合适。运动时的服装应符合运动项目和运动卫生的要求。冬季服装应轻便保暖,夏季服装应宽松、吸汗透气性能好,内衣、内裤应柔软,在阳光直射下应戴遮阳帽。运动鞋大小适宜、富于弹性

续表

项目	内容及要求
皮肤和牙齿卫生	1.皮肤既是感觉器官，又是身体的保护器官。皮肤里的汗腺排出一部分代谢产物，能调节体温；皮肤里的皮脂腺分泌皮脂，以保持皮肤的滑润。当汗腺和皮脂腺孔堵塞时，细菌繁殖，就会导致皮肤出现毛囊炎或疖肿。因此，皮肤必须清洁干净。脚趾间的皮肤易脏，最易发生糜烂，也易感染脚癣，要特别注意清洁。如果患上脚癣，要积极进行治疗，不要与他人共用鞋袜和洗涤用具，以免传染 2.如果牙齿上经常有食物残渣，就会给细菌繁殖营造基础环境，易引起牙病和口腔疾病，应早晚各刷牙一次。刷牙时，应沿着牙缝上下刷，切忌用力横刷，以免损伤牙齿表面的牙釉和牙龈
睡眠	睡眠是生理要求，是清除机体器官疲劳最有效的方法。在睡觉之前，不宜作剧烈运动，避免饮用刺激性的饮料，如浓茶、咖啡等，卧室的空气应流通
心理卫生	心理卫生是根据心理活动的规律，采取各种措施，保护和增强心理健康，提高人体对社会的适应能力，预防身心疾病的发生。心理健康的主要标志有以下几个方面： 1.情绪稳定，没有压迫感和不安感；具有较强的适应能力；具有同情心和丰富的感情；能表现出与生理发育阶段相适应的情绪；能够克制个人需要和受客观环境限制的欲望；热爱生活，能与人和睦相处；具有自信心，有坚强的意志等 2.如果情绪变化无常，信仰破灭，有压迫感，多疑、骄傲或自卑，说谎、嫉妒、忧郁、无端恐惧等，均为不健康心理表现 青年人保持心理健康，应从树立崇高的理想，陶冶高尚的情操，培养良好的情绪、感情和性格，协调人际关系等几方面着手
用眼卫生	视力不良和近视发生受多种因素的影响，有先天遗传的因素，也与环境条件、生活习惯和学习习惯有关。讲究用眼卫生，主要是注意阅读、书写、绘画卫生。在阅读、书写、绘画时，眼与书本的距离最好保持在 20~25 cm，最好使用有 12°~15°倾斜的桌面，坐姿要端正，光线要充足，时间不宜过长，每隔 1 小时应远眺或休息，养成良好的阅读、书写习惯，如不躺着看书，不在走路、乘车时看书，定期进行视力检查等，双眼视力均在 1.0 及以上者为正常，低于 1.0 者为视力低下，0.9~0.7 为轻度近视，0.6~0.4 为中度近视，低于 0.3 为重度近视

（二）自我身体检查

自我身体检查是指运动参加者在锻炼或训练过程中，主动观察自己的身体机能状态，并进行记录，以便观察锻炼的效果，根据机体的反应情况及时地调整运动量。

自我检查的内容包括主观感觉（自我感觉、睡眠、食欲等）和客观指标（脉搏、体重、肺活量、肌力、月经等）（见表3-3）。

表3-3 自我身体检查

项目	内容及要求
自我感觉	在运动时，是精神饱满、愉快、愿意锻炼，还是精神不振、不想练；在锻炼中，有无肌肉酸痛、头昏、恶心、腹痛等情况；在锻炼后，疲劳消除得快，还是慢，睡眠、饮食、机体反应等状况怎样。可按"良好、一般、不良"记录
睡眠	能否迅速入睡、熟睡、多梦，早晨醒来是否感觉精神良好、全身有力。可记录睡眠时间、熟睡程度等
食欲	可记录为"良好、正常、一般"
脉搏	在正常情况下，每日早晨起床前测得的基础脉搏数大致相同，或随着锻炼效果的增强而稍有减慢。如果有明显的增加或减慢，应考虑有无过度疲劳或疾病的征兆。若出现心律不齐，应查明原因
体重	一般在锻炼后的前几周，体重可下降2~5 kg，以后肌肉体积增加，体重可稍回升，然后稳定在某一水平上，这是正常的现象。若体重持续地下降，则提示过度疲劳、能量消耗过大而摄入不足
肺活量	当机体正常时，肺活量应保持在某一水平，或稍有增加；当机体不良时，肺活量可能持续下降
握力、背力	在系统锻炼之后，握力、背力应增加，疲劳时则下降
月经	女生进行体育锻炼要注意观察月经周期是否正常、经期长短、经血量多少、是否有痛经等不良反应

（三）疲劳及消除疲劳的方法

1.疲劳的表现

由于活动使工作能力及身体的机能暂时降低的现象，称为疲劳。疲劳一般可分为肌肉疲劳、神经疲劳和内脏疲劳三类。当肌肉疲劳时，出现肌肉僵硬、肿胀和疼痛，肌力下降等；当神经疲劳时，常表现为反应迟钝、判断错误、注意力不能集中、动作协调性受到破坏等；当内脏疲劳时，常出现呼吸节律紊乱，呼吸浅而快、心悸、胸痛、恶心、呕吐，以致心电图改变等。

2.消除疲劳的措施

合理的睡眠是消除疲劳、恢复体力的最好方式。锻炼结束后，进行温水浴和局部热敷是简单易行的消除疲劳的方法，按摩是消除疲劳的重要手段，积极性休息，如音乐欣赏、合理营养等是消除疲劳不可缺少的措施。

此外，为了尽快地消除运动后的疲劳，可适当地选用一些药物，如维生素 B_1、维生素 B_6、维生素 B_{12}、维生素 C，以及刺五加、三磷酸腺苷（ATP）等，有条件者可采用氧气和负离子吸入。

（四）学校传染病的预防

1.学校常见的传染病

"传染病"是由病原体引起的，能在人间、动物间，或人与动物间相互传播的疾病。学校是传染病的重要集散场所，易于传染病的暴发和流行。传染病具明显的季节性，例如，冬季和春季多发呼吸道传染病，夏季和秋季则以肠道感染为主，并且在春季和秋季开学后，易出现传染病的流行高峰。

学校常见的传染病有流行性感冒、病毒性肝炎、细菌性痢疾、流行性腮腺炎、沙眼、蛔虫病和疥癣等。

2.传染病的预防

传染病在人群中的传播必须具备传染源、传播途径和易感人群三个基本环节，缺少任何一个环节，新的传染就不可能发生。预防传染病的流行，可采取以下措施：

（1）传染源的管理

传染源是指病人、病原携带者和受感染了的动物。传染源的管理主要包括检疫，传染病人的早发现、早诊断、早隔离治疗，对带菌者的隔离等。

（2）切断传播途径

各种传染病有不同的传播途径。例如，呼吸道传染的传播途径主要是通过空气；消化道传染病的传播主要是通过食物及饮水；有些传染病是通过媒介昆虫传播，如苍蝇可传播痢疾与伤寒，蚊子可传播疟疾等；有些传染病是直接接触传播的，如疥癣等。

对于传染病的预防，除了由卫生机构根据其传播途径制定相应的措施之外，个人也应保持公共场所的空气新鲜，提倡戴口罩，不饮、不食不洁的食物和水，饭前便后洗手，不随地吐痰，驱除媒介昆虫，防止直接与传染源的接触等。

（3）保护易感人群

易感人群是指对某种疾病缺乏免疫力的人群。个人应积极参加体育锻炼，合理营养，讲究个人卫生，保持良好的生活习惯，可以提高机体对疾病的抵抗能力。另外，预防接种可以提高机体的免疫能力。

二、运动卫生

（一）运动环境卫生要求

田径场跑道应结实、平坦、无浮土、富有弹性，投掷区还应有明确的划分，一个投掷区内不允许同时进行几种投掷运动，不允许面对面投掷，铁饼和链球场应设置护笼等。

球类场地的四周 2.5 m 范围内不应放置任何障碍物，以免碰伤人员。篮球场、排球场的场地应平坦、结实。

体操器械要符合标准，在进行体操练习时，器械下面应有垫子，注意加强保护。

在江河湖泊里游泳时，要弄清水是否清洁，有无污染，弄清池底有无石块、淤泥。一般来讲，大学生不能在江河湖泊里游泳，以免发生危险；在游泳池游泳时，要先进行淋浴、洗脚、踏经消毒池，以减少对池水的污染，凡经医生检查患有肝炎、肺结核、肠道传染病、皮肤病、眼结膜炎、重沙眼、中耳炎等的人群不得入池游泳。

（二）锻炼卫生

机体与外界环境通常保持平衡状态，但机体也时常受到外界因素，如阳光、空气和水的影响。经常进行户外锻炼，能增强机体对感冒、上呼吸道感染等疾病的抵抗力，增强机体对外界环境的适应力，但进行锻炼时必须循序渐进，坚持全面锻炼原则，并根据自己的年龄、健康状况和运动水平而选择适合的锻炼方法。

1. 日光浴

日光浴主要是利用日光的温度和生物化学作用，来增强机体代谢，杀灭细菌，促进维生素 D 的合成。在进行日光浴之前应体检，凡有出血倾向、发烧等情况则不宜进行日光浴。进行日光浴，最好在每日 9～11 时或 15～17 时进行，夏天在 8～10 时或 16～18 时进行，吃饭前后 1～1.5 h 不宜进行日光浴。日光浴时，必须遮盖头面部。

2. 水浴

水浴的锻炼方法有擦身、冲洗、淋浴和游泳等，主要是利用水的温度、水的机械作用和化学作用，达到调节体温、增强新陈代谢、按摩身体及水疗等目的。其中，机体对冷水浴刺激的反应最为强烈。冷水浴锻炼宜从夏季开始，以后逐渐降低水温，冷水浴时间不宜过长，一般不超过 5 min。

3. 空气浴

空气浴是利用空气温度、湿度、气流、气压及空气中的电离作用，达到刺激中枢神经系统、加强新陈代谢、提高机体抵抗力的目的。空气浴不受时间、地点的限制，简单易行。

（三）"极点"与"第二次呼吸"

在进行剧烈运动时，由于在运动开始阶段，内脏器官的活动跟不上运动器官的需要，往往使人产生一种非常难受的感觉。此时，人会感觉到呼吸困难，肌肉酸痛，动作迟缓，情绪低落，甚至不愿意再继续跑下去了，这种现象叫"极点"。经过对呼吸、步频等的调整和坚持跑动，呼吸将逐渐变得自如且跑得更加轻松，这叫作"第二次呼吸"。

"极点"现象的发生，是身体从安静状态突然转入剧烈活动时，各器官、系统工作配合不协调引起的。因此，在运动前，要充分做好准备活动，使"极点"现象推迟或减轻。当"极点"出现时不必紧张，不必中断运动，要有意识地进行深呼吸，这样"第二次呼吸"就会很快到来。此外，第二信号系统的参与有助于"第二次呼吸"的来临，如运动或比赛时的呼声、掌声有助于运动者克服"极点"。

（四）体育活动中的某些医学保健问题

1. 运动与心血管疾病

一般来讲，慢性心脏病患者只能从事中小运动量的体育活动。在心肌炎等病的急性期应停止运动，并进行治疗。对于心脏杂音，应区别是有害性杂音，还是无害性杂音，后者不应限制体育活动。对于高血压患者能否参加运动，应视高血压程度及并发症情况而定。对于血压轻度增高，无自觉症状，心、肾无病变的患者，则对其运动限制不必过严，可参加适当的运动并配合积极的治疗。对于血压较高且有自觉症状者，应避免激烈运动，特别是避免用力闭气、低头、旋转头颈等运动，可参加慢跑、游泳运动等。

2. 运动与呼吸系统疾病

肺结核患者呼吸循环机能极易疲劳，因此肺结核患者在运动方面必须十分慎重。肺结核活动期禁止参加运动，对于陈旧性病灶已钙化多年又无自觉症状者，多数人可从事剧烈运动，但仍要十分注意，定期体检。淋巴结核患者在运动方面的原则与肺结核患者相同。

胸膜炎急性期的患者应积极配合治疗，使积液完全吸收，以免发生胸膜粘连，妨碍呼吸机能；患结核性胸膜炎病愈后一年内禁止参加运动；已形成胸膜肥厚时，可参加一般性体育活动。

慢性气管炎、肺气肿、哮喘病患者均应避免大的运动量，冬季过度寒冷或大风天气时，应避免长时间的室外活动；平时可多做呼吸体操，以改善呼吸机能；咯血者必须停止一切体育活动。

3. 运动与消化系统疾病

溃疡病、胃炎常反复发作，患者在病情不稳定或有并发症时，应停止运动，进行医治；在间歇期，可参加正常的体育活动，平时应注意饮食。

传染性肝炎急性期患者应隔离治疗，停止运动，卧床休息；肝炎愈后1~2月尽量保持安静，避免运动；以后根据检查肝功能结果和患者的自我感觉，逐渐增加运动量。

胆囊炎急性期患者严禁运动，慢性期患者可参加轻微活动。

4. 运动与骨关节病

骨折已完全愈合的人可参加正常的体育运动。

风湿性关节炎急性期患者严禁运动，治愈后无关节肿痛，无活动障碍，全身情况正常时，可参加正常运动。

风湿性关节炎患者运动后疼痛或天气变化时疼痛，但无关节肿胀畸形，可作小量活动，病情好转后可逐渐增加运动量。

类风湿性关节炎患者应进行医疗体育活动，增强肌力，防止肌肉萎缩，预防或矫正畸形。

骨关节结核患者治愈后一般不能参加大运动量的活动。

5.运动与其他疾病

个人在急性中耳炎和慢性中耳炎发作时，禁止参加体育运动，慢性中耳炎应设法根治，根治前可参加中小运动量的活动，在游泳时要防水入耳。

慢性鼻窦炎患者不宜在严寒气候、大风天气下从事室外运动，冬季室外运动时应注意正确的呼吸方法，且运动时间不宜过长。

高度近视者应避免参加激烈运动，特别是跳跃运动，以免发生视网膜剥离。

腹股沟疝患者只能参加小运动量的活动，避免参加增加腹压的运动，术后3个月可开始参加一般运动，6个月后可参加激烈的运动和比赛。

急性肾炎患者应绝对休息，患病一年以内或者是轻度慢性肾炎者，均应避免长时间的剧烈运动。

对于月经不规则、痛经的女生，如果体格检查无其他异常，既往又有运动习惯者，可参加正常的体育活动，但月经期的运动量应酌减；症状较重者应进行医疗体育和临床治疗。

对于神经官能症患者，轻者可参加正常的体育活动，较重者只能从事中小运动量的活动，症状严重者应进行医疗体育。

三、女子体育卫生

女子在生理上与男子有着很大的差异，因此女子的体育卫生要更加注意。通过对女子与男子身体的特点的比较，女子在体育卫生方面需要注意以下几点：

（一）体型

女子体型一般似纺锤形，即肩部较窄，骨盆较宽，下肢较短，躯干相对较长，身体重心低,有利于做下肢支撑平衡的动作,如体操的平衡木等,但对于速度运动、跳高、跳远等动作则不利。

(二)肌力

女子骨骼肌重量占体重的比例较男子小 5%左右,且肌肉力量较弱,特别是女子的肩带部和上肢肌力较差,加之肩窄,所以女子作悬垂、支撑、摆荡等动作较为困难。因此,女子应加强发展肩带肌力的练习,练习时需加强保护。

(三)脂肪

女子体内脂肪约占体重的 28%(男子约占 18%),皮下脂肪较多,利于游泳等运动,但女子下腹部对冷的刺激很敏感,所以在月经期及冬季锻炼时,要注意下腹部的保暖。

(四)骨盆

女子骨盆较男子大而轻,除了承重外,还容纳有子宫及附件。子宫的正常位置依靠子宫三对韧带、腹腔、盆腔的一定的压力来维持。因此,一方面,女子在从事体育运动时,不宜做过多的从高处跳下的练习,做此练习时也要注意落地时的缓冲,以免过分震动而影响子宫的正常位置;另一方面,要多作增强腹壁肌、骨盆底肌的练习,如仰卧起坐、仰卧举腿、直立前后踢腿、大腿绕环、提肛练习等,以维持一定的腹压和盆腔压力,从而保持子宫的正常位置。

(五)关节韧带

女子各关节韧带的弹性及伸展性较好,特别是脊柱椎间盘较厚,因此女子身体的柔韧性及各关节的灵活性较男子好。在体育活动中,女子适宜作"桥"和"劈叉"等动作。但女子身体的柔韧性会随着年龄的增长而降低,在体育锻炼中应注意保持和发展其柔韧性和灵活性。

(五)心血管系统和呼吸系统

女子心脏的体积、容积、脉搏输出量、心肌收缩力均较男子小而弱,运动时主要靠加快心率来增加心脏的每分输出量。此外,女子的血容量、红细胞、血红蛋白含量都低于男子，因此女子血液运输氧的能力不及男子。

女子胸廓、肺容积较男子小，肺活量、最大摄氧量也小于男子；女子呼吸肌力较弱，以胸式呼吸为主，且胸廓活动度较小，所以女子在安静或运动时的呼吸频率较快。

鉴于女子心血管系统和呼吸系统的功能较男子略差，因此女子的运动量应比男子小一些。

综上所述，女子应该根据自己的特点，自觉参加体育锻炼，以促进身体的生长发育，提高各器官、系统的机能水平，保持匀称、健美的体型。

第二节 运动损伤的急救

一、运动损伤的概念

在体育运动中，造成人体组织或器官在解剖学上的破坏或生理的紊乱，称为运动损伤。其损伤部位与运动项目及专项技术特点有关，例如，体操运动员受伤部位多是腕、肩及腰部，与体操动作中的支撑、转肩、跳跃、翻腾等技术有关。网球肘多发生于网球运动员与标枪运动员，损伤的主要原因是：训练水平不够，身体素质差，动作不正确，缺乏自我保护能力；运动前不做准备活动或准备活动不充分，身体状态不佳，缺乏适应环境的训练，以及教学、竞赛工作组织不当等。

在运动损伤中，急性损伤多于慢性损伤，如果急性损伤治疗不当、不及时或过早参加训练等，可转化为慢性损伤。

二、造成运动损伤的原因

（一）准备活动不充分或没做准备活动

有相当多的学生在进行体育活动时根本就没有做准备活动的意识，神经系统和内脏器官的功能没有被充分动员起来，肌肉伸展能力欠佳，关节不够灵活，动作不协调，就很容易导致运动损伤的发生。这主要是学生对准备活动的作用不明确或不会独立做准备活动，错误地认为做准备活动是浪费体力，往往急于参加运动而造成损伤；有的教师不认真指导学生做准备活动，结果导致学生发生运动损伤。

（二）学生身体素质差、技术动作不熟练

学生对于运动技术掌握不好有两个方面的原因：一是学生身体素质差，特别是力量、灵敏性、柔韧素质较差，动作僵硬、不协调，运动中遇到一些技术较复杂、难度较大的项目，或在运动量、强度加大的情况下，就容易造成运动损伤；二是根据运动技术形成的规律，在运动技能形成的泛化阶段和分化阶段，由于学生对运动技术概念理解得不深刻，练习中出现多余的动作后技术掌握不稳定，在这种情况下也容易受伤。

（三）场地、器械不合格

跑道过硬或高低不平、沙坑过硬或有杂物、海绵垫厚度不够、海绵垫与海绵垫之间相互衔接不严密、场地过滑等，都容易造成运动损伤。例如，篮球、排球的练习是在水泥场地上进行的，由于地面硬，学生在练习中的跳跃动作较多，就容易造成踝关节、膝关节损伤。

体育设施、设备陈旧、摆放不当，也容易造成运动损伤。例如，单杠、双杠、爬竿、爬绳等，受日晒雨淋，天长日久就会生锈、损坏，如果学校没有及时修理和更换，学生在练习时不注意观察，就很容易受伤；体育课后将铅球、铁饼、标枪、山羊等危险器材随便摆放在操场上，又无人看管，一些学生因觉得好玩而没有正确使用器材，也会导致学生受到损伤。

（四）运动疲劳、心理过于兴奋或紧张

运动疲劳受伤主要是在学生练习过程中反复做同一动作，使身体局部负担过大而引起的。学生学习新内容或参加比赛时，会表现出过度兴奋，容易发生运动损伤。学生在练习较难的动作时，由于心里害怕，做动作犹豫不决，也容易发生运动损伤。另外，教学组织不合理、天气不好、保护措施不当等，都是引起运动损伤的原因。

三、运动损伤的预防措施

（一）树立预防意识

在教学中，教师或教练员要让学生从思想上高度重视对运动损伤的预防，对预防的意义应有充分的认识，只有掌握运动损伤发生的规律，及时总结经验，才能最大限度地减少或避免运动损伤，从而保证学生参加体育运动时的身体健康。

（二）做好准备活动

学生应根据个人的身体状况和运动特点，有针对性地做好准备活动，既要做好身体方面的准备，又要做好心理方面的准备。要培养学生的终身体育意识，养成科学、系统的锻炼身体方法，让学生了解准备活动的作用，充分认识准备活动的意义和目的。

（三）提高自我保护能力

学生在运动时如果摔倒，要顺势做好屈膝、弯腰、低头、含胸、团身滚动等，切不可用直臂或肘部撑地；平时要加强跳跃、滚翻等动作练习，以提高身体的灵敏性和应变能力。

（四）加强体育锻炼的组织工作

在教学、训练和比赛中，要根据学生的年龄、性别、健康状况和运动技术水平，采取严格的预防措施，给予学生进行体育运动必要的指导。

（五）科学锻炼

在教学中，教师或教练员要严格按照课程标准的要求，不超出课程标准的难度和范围，对学生要区别对待，不能一刀切，遵循因材施教的原则，完成大学体育教育的教学任务。

（六）创设安全、适宜的锻炼环境

在体育运动中，应排除场地、器械、天气等因素的不利影响，应达到运动场地平坦、运动器材设备坚固、安全，以及个人衣着适宜等。

四、运动损伤急救的意义、原则及方法

（一）急救的意义和原则

对体育运动中发生的严重损伤，进行及时、正确的临时性处理，可减轻伤者的痛苦，减少并发症和感染，并为转送医院进一步治疗创造条件，这对保障生命安全具有十分重要的意义。急救是一项技术性、判断性很强的工作，进行急救时必须遵循以下原则：

1.抓住主要矛盾，先急后缓

现场急救，如果同时出现多种损伤时，必须抓住主要矛盾进行急救。如发现休克，应先施行抗休克急救，即针刺人中、内关穴，并及时进行人工呼吸；如伴有出血时，应同时施行止血，然后对其他损伤进行处理。

2.判断准确，进行正确的抢救

施救人员要准确判断伤者损伤的性质和程度，并对运动员或学生进行正确的抢救。

3.分秒必争，临危不惧

急救时，施救人员必须分秒必争，临危不惧，当机立断，切勿延误时机。当抢救有效后，应立即转送医院进一步治疗。在运送途中，要保持伤者平稳、安静，随时观察病情，必要时进行人工呼吸。

（二）急救方法

急救方法有止血法、人工呼吸法和搬运法等。

1. 止血法

（1）冷敷法

冷敷止血法常用于急性闭合性软组织损伤，最简便的方法是用冷水冲洗或用冷毛巾敷于伤处，有条件的可使用氯化烷喷射。

（2）抬高伤肢法

抬高伤肢法，即施救人员要把伤者出血的肢体抬高，使其水平位置超过心脏，这样可降低出血部位的血压，减少出血。

（3）压迫法

压迫法有指压法、鼻出血止血法和绷带法。

指压法常用于动脉出血，方法是用手指直接压迫出血部位，但由于直接触及伤口，容易引起感染，所以最好敷上消毒纱布后进行指压。也可用手指压住出血部位的上端动脉管，以切断血流渠道。

在运动和生活中，常用的鼻出血止血法：让伤者保持坐位，头稍前倾，用冷毛巾敷前额和鼻梁部，手指紧压鼻两侧止血，也可用无菌纱布塞鼻腔止血。

绷带法主要是根据伤者的不同部位和伤势，进行不同方法的包扎，如环形包扎法、螺旋形包扎法、"8"字形包扎法和三角巾包扎法等。

2. 人工呼吸法

人工呼吸法有多种，其中以口对口人工呼吸法和心脏胸外挤压法最有效。

（1）口对口人工呼吸法

首先，施救人员要清除伤者口中的分泌物或呕吐物，松开衣领、裤带，以及胸、腹部衣服，并及时让伤者仰卧，头部后仰，托起下颌，捏住鼻孔，压住环状软骨（压迫食道），以防空气进入胃内。然后，施救人员深吸一口气，两口相对，将大口气吹入伤者口中，吹气后将捏鼻子的手松开。如此反复进行，吹气频率为每分钟 16～18 次，直至伤者恢复自主呼吸为止。

（2）心脏胸外挤压法

伤者仰卧在木板或平地上，施救人员两手上下重叠，用掌根置于患者胸骨下半部，肘关节伸直，借助自身体重和手臂力量，适度用力下压，将伤者胸部下压 3～4 cm，随即松手，伤者胸部自然回弹。如此反复进行，成人每分钟 60~80 次，小儿用单手挤压即可，每分钟 90~100 次，直至伤者恢复自主心跳为止。

必要时，可同时进行口对口人工呼吸法和心脏胸外挤压法。施救人员之间密切配合，两种方法以 1∶4 的频率进行。

3.搬运法

经现场急救处理后，应迅速、安全地将伤员转移到宿舍休息或医院治疗。搬运方法有扶持法、托抱法、三人托抱法、担架法和车辆运送法等。

第三节　常见运动损伤的处置方法

一、肌肉损伤的处置

（一）肌肉痉挛

肌肉发生痉挛现象，俗称"抽筋"，常因肌肉的突然剧烈地收缩或是脑神经组织刺激而发生非意志的收缩。

1.引起肌肉痉挛的原因

（1）肌肉用力过度。

（2）血液中盐分流失过多，缺少盐分，也会引起肌肉痉挛；任何足以降低血液供应到肌肉的情况，均可引起肌肉痉挛。

（3）局部温度变化太大，常见例子是没充分热身便跳到冷水中游泳，就经常会出现肌肉痉挛的情形。

（4）局部循环不良或过度疲劳，像衣裤、袜子或护套穿得过紧或保护性的贴布贴得太紧，也会引起肌肉痉挛。

（5）心情过分紧张或肌肉协调不良。

2.常发生肌肉痉挛的部位

常见的肌肉痉挛有手指、手掌、小臂、脚趾、小腿、大腿等部位痉挛，腹部也会发生痉挛的情形。

3.处理肌肉痉挛的主要方法

（1）立刻休息，对局部施加均匀的压力，然后缓慢且持续地拉长它，使它放松。

（2）手指痉挛：先握紧拳头，然后用力伸张，如此迅速动作，直至复原为止。

（3）手掌痉挛：两掌相合手指交叉，反转掌心向外，用力伸张后弯，或两掌相合，一掌用力压另一掌后弯，或一手握另一手四指，用力后弯，往复行之，至复原而止。

（4）小臂痉挛：先紧握拳头，小臂屈肩，然后伸臂伸掌，往复行之，至复原而止。

（5）足趾痉挛：一腿伸直，以痉挛之足趾抵住另一足足根，用足跟尽力压迫足趾，使足掌尽量向后弯，往复行之，至复原而止，或用手握住足趾，用力向后拉。

（6）小腿痉挛：多为腓肠肌痉挛，其解救法，以一手握住足趾，用力向后扳拉，另一手抵住膝盖，用力下压，使腿伸直，往复行之，至复原而止。

（7）大腿痉挛：屈膝屈髋，使腿屈于腹前，用双手抱住小腿，用力内收数次，然后将腿伸直，如此往复行之，至复原而止。

（8）腹部痉挛：若为腹部肌肉痉挛，可屈双腿近腹部，然后缓缓伸直，往复行之，至复原而止。

（9）胃部痉挛：这是最严重的痉挛部位，除去突然痉挛外，还有剧痛，以至身体不由自主地蜷曲起来，应设法叫人救援。

（10）如果肌肉痉挛的时间较长，或上述的方法不能生效时，应迅速接受热疗（用热水袋、热毛巾、热水浴或任何一种电热疗法都行），局部喷或擦一些松筋止痛的药水或药膏也相当有效。

4.肌肉痉挛的预防方法

（1）不要过分疲劳。

（2）适当地补充盐分。

（3）要先做热身运动及伸展操。

（4）避免穿太紧的衣物或戴太紧的护套。

（5）心情要放松。

（二）肌肉拉伤

1.发生的机制与症状

肌肉拉伤通常是由于肌肉猛烈收缩或用力牵伸时超过肌肉本身承受的能力所引起的，可分为主动拉伤和被动拉伤两种。这主要与准备活动不足、动作不协调有关，肌肉的韧性和弹性较差更容易被拉伤。损伤后伤处肿胀，有压痛，肌肉痉挛，严重时可出现肌肉撕裂，产生剧烈疼痛。

2.处置

对于肌肉拉伤，轻者可立即冷敷，局部加压包扎，抬高患肢，24 h 后可施行按摩或理疗；如果肌肉已大部分或完全撕裂，在加压包扎后应立即送往医院进行手术治疗。

3.预防

对于肌肉拉伤，主要是针对发生的原因进行预防，特别是做好运动前的准备活动，防止运动量过大和过度疲劳，注意提高身体的协调性和动作技巧。

（三）肌肉挫伤

1.发生机制与症状

练习者与器械发生碰撞，或练习者之间发生冲撞而造成肌肉挫伤。

单纯挫伤在损伤处出现红肿、皮下出血，并有疼痛；严重者会造成内脏器官损伤，并可出现头晕、脸色苍白、心慌气短、出虚汗、四肢发凉、烦躁不安，甚至休克。

2.处置

发生肌肉拉伤后，应立即对拉伤部位实行冷敷加压包扎，抬高伤肢，以防止继续出血，24 h 后可进行按摩或理疗，也可用热敷，以活血消肿。如果怀疑有内脏损伤，则应送医院进一步诊治。

3.预防

练习者要控制好运动量，避免在过于疲劳的状况下继续进行锻炼，锻炼时要注意身体的协调性和灵活性，避免不必要的冲撞，特别是提高自我保护能力。

二、开放性软组织损伤

（一）擦伤（皮肤表面受到摩擦后的损伤）

对于创口较浅、面积小的擦伤，可用生理盐水洗净伤口，创口周围用 75%的酒精消毒，局部擦以红汞或紫药水，无须包扎。但对于面部擦伤，最好不用紫药水。对于关节附近擦伤，经消毒处理后，一般不采用暴露疗法，因为干裂易影响关节运动，一旦发生感染，也易波及关节。因此，关节附近多采用消炎软膏或多种抗生素软膏涂抹，并用无菌敷料覆盖包扎。对于出血比较严重的擦伤，还要进行止血处理。

（二）撕裂伤

在撕裂伤中，以头面部皮肤撕裂伤最为多见，如在篮球运动中，运动员的眉弓被其他运动员的肘碰撞引起眉际皮肤撕裂等。若撕裂的创口较小，经消毒处理后，用粘膏或创可贴粘合即可；如果撕裂创口较大，则须止血，缝合创口；若伤情和污染较重，应注射破伤风抗毒素，并给予抗生素治疗。

（三）刺伤和切伤

对于田径运动中的被钉鞋或标枪刺伤，或者滑冰时被冰刀切伤，其处理方法基本上与撕裂伤相同。

三、韧带扭伤

（一）发生机制和症状

韧带有较强的抗伤能力，以保护关节的正常活动，防止关节出现异常，但如果外力使关节活动超越韧带所能承受的范围时，就会发生韧带扭伤。

对于韧带轻度扭伤，只是产生轻微的疼痛或局部水肿，关节功能也不会有明显的影响；韧带扭伤严重时，会造成韧带撕裂，并丧失其功能，其主要症状表现为伤处疼痛、肿胀和皮下瘀血。

（二）处置

韧带扭伤后，应立即冷敷，加压包扎、抬高伤肢，24 h 后对伤部热敷或按摩，对于重度扭伤和韧带撕裂，可用绷带固定伤肢后，立即送医院治疗。

（三）预防

韧带扭伤易发部位是踝关节、腕关节和膝关节，所以平时要加强对这些易伤关节周围韧带、肌肉的练习，以提高其抗伤能力。对于曾经发生扭伤的部位，在锻炼时可采用护踝、护膝、护腕等保护措施。

四、腰扭伤

（一）发生机制与症状

人体的腰椎是由 5 块脊椎骨连接起来的，连接腰椎骨的有很多韧带和细小肌肉群，腰部活动就是靠这些韧带、肌肉收缩牵动来进行的。但如果人体运动超越了肌肉韧带的伸展限度，或收缩不协调，就会造成腰扭伤。例如，举重时上体过于后仰，跳水时两腿过于后摆，做体操桥形时准备活动不够等，均可导致腰扭伤。腰扭伤后，当场疼痛，有时会听到瞬间"咯咯"的响声，有时会出现肌肉痉挛，活动受限。

（二）处置

发生腰扭伤后，应立即停止运动，让伤者平卧，一般不应扶动，如果疼痛剧烈，则应送医院诊治。处理后，腰扭伤者应卧硬板床，在腰下可垫个薄软枕头，以放松腰部肌肉，减轻疼痛。腰扭伤 24 h 后，可采用热敷和外敷伤药，也可进行按摩和针灸治疗。

（三）预防

运动员在运动前，要做好全身性准备活动，特别是腰部准备活动，如前后弯腰、左右转身、身体绕环、上伸下蹲等，运动时注意姿势的正确性和动作的协调性，用力要得当，平时要加强腰部肌力的锻炼，以提高腰部肌力。

五、关节扭伤急救

（一）发生机制与症状

关节没有充分准备时，过猛地扭转，超过其正常的活动范围，撕裂附着在关节外面的关节囊、韧带及肌腱，就是扭伤，俗话称为"筋伤"。扭伤多是青少年的运动损伤、体力劳动者的工作伤，最常见于踝关节、手腕部及下腰部。

扭伤的常见症状有疼痛、肿胀、关节活动不利等，痛是必然出现的症状，肿及皮肤青紫、关节不能转动，都是扭伤的常见表现。

（二）治疗措施

在运动中扭伤手指，最常见于打篮球的争球时，运动员在末节手指触球的瞬间，有触电样的疼痛而突然停止活动，伤后应立即停止运动，首先是冷敷，最好用冰块，但没有条件时，可用净水代替，将手指泡在冰水中冷敷 15 min 左右，然后用冷湿布包敷，再用胶布把手指固定在伸直位置。检查手指的活动度，如果手指的伸直、弯曲都受限，或者末节手指呈下垂样，可能是发生了撕脱性骨折，一定要去医院诊治。

如踝关节扭伤，急救时可以用毛巾包裹冰块外敷局部，48 h 后可以用热毛巾外敷（皮肤破损不严重），首先要制动休息，用枕头把小腿垫高，促进静脉回流，瘀血消散。另外，可用茶水、黄酒、蛋清等调敷云南白药、七厘散等，2～3 次/日敷伤处，外加包扎，促进瘀血消散，有较好的效果。

六、运动引起的腹痛处理

（一）发病机制与症状

在运动中，腹痛常在中长跑和剧烈运动时发生。据发病的大量资料表明，主要是运动员在运动前准备活动不充分，或者因运动前吃得过饱、饮水过多，或者腹部受凉，致使脏腑功能失调，引起腹痛；也有的因运动时间过长或过于激烈，使下腔静脉压力上升，引起血液回流受阻；还有的因呼吸节奏紊乱，引起膈肌运动失常，或者肝脾积气瘀血，导致两肋部胀痛等。

（二）处置

对于运动引起的腹痛，如果没有器质性疾病，一般采用减慢运动速度，进行腹式呼吸，按压疼痛部位等方法，短时间内即可减轻疼痛，直至消失。数分钟后，如果疼痛仍不减轻，甚至加重，就应停止运动。必要时，可服十滴水或普鲁本辛，或揉按内关、大肠俞等穴位。如仍不见效，应送医院诊治。

（三）预防

在运动前，避免饮食或饮水过多，并做好准备活动（特别是腹部按摩），坚持循序渐进，注意呼吸节奏，夏季运动要适当补充盐分。

七、脑震荡

（一）发病机制与症状

脑震荡是脑部损伤中最轻而又多见的一种，是指头部受到外力打击后，神经细胞和神经纤维受到震荡所引起的意识和机能的一时性障碍。例如，在体育运动中，运动员头部直接被足球、棒球、垒球打击，或者从高处摔下、头部撞地等，都可发生脑震荡，其症状表现为以下几个方面：

1.意识障碍

人发生脑震荡后，一般会有轻度意识障碍，严重者可发生一时性意识丧失，直至昏迷，时间短则几秒钟，长则几分钟至 20～30 min。在意识丧失时，呼吸表浅，脉搏徐缓，肌肉松弛，瞳孔稍大但对称，神经反射减弱或消失。

2.逆行性健忘

脑震荡意识恢复后，伤者不能回忆起受伤时的状况，就是逆行性健忘。

（二）处置

发生脑震荡后，立即让伤者安静、平卧，头部冷敷，身上保暖；若有昏迷，可指压人中、内关穴；若发生呼吸障碍，则立即施行人工呼吸；若昏迷时间较长，两瞳孔放大且不对称，或耳、鼻、口内出血，表明情况严重，进行一般处理后，应立即送医院诊治。

在运送途中，要让伤者半卧，头部固定，避免颠簸。脑震荡一般都可自愈，无须住院治疗，但要注意休息和必要的药物治疗，保持情绪稳定，减少脑力劳动。

八、骨折的急救

（一）发病机制与症状

骨折的急救是骨折发生后的即时处理，包括检查诊断和必要的临时措施。骨折的急救很重要，如果处理不当，能加重损伤，增加伤者的痛苦，甚至形成残疾而影响生命健康。因而，运动员发生骨折后，及时进行合理、有效的急救是十分重要的。

急救应在现场进行，首先扼要地了解伤情，先查伤者的生命体征，后查局部伤情，以确定损伤性质、部位和范围。要观察伤者有无呼吸道阻塞、呼吸困难、发绀、异常呼吸等现象；注意查看伤者有无休克，有无伤口出血及内出血；注意观察病人的精神状态，有无瞳孔、眼、耳、鼻出血及颅脑损伤体征，有无胸、腹、盆腔内脏损伤，有无脊髓、周围神经损伤及肢体瘫痪，注意肢体有无肿胀、疼痛、畸形及功能丧失表现，确定是否有骨折及脱位。

（二）处置

1. 保持呼吸道通畅

调整姿势，确保伤者呼吸通畅。

2. 防止休克

严重或多发骨折及合并有其他创伤者更易休克，要注意预防，更要早发现、早处理。防止休克包括：止痛，固定患肢有止痛、止血、减轻组织损害和休克的作用；止血，内出血或外出血为损伤性休克主要原因，不加以控制会加重休克，一般进行伤口局部加压包扎即可止血，对于四肢大出血不能控制者，可上止血带，但绑扎的部位要正确，松紧要合适，否则会加重出血，上止血带绑扎时间不能超过2 h，应每隔一小时左右放松一次，但不可冒再次大出血的风险而轻易将止血带放松。在可能的条件下，应立即对伤者输液、输血和给氧。

3.骨折肢体临时固定

对于上肢骨折，主要用夹板固定，用三角巾悬吊，并将伤肢用绷带固定在胸壁上；对于下肢骨折，主要用半环托马斯架固定或将伤腿绑在健康的腿上，如果是膝以下骨折，则要用小夹板固定；疑有脊柱及骨盆骨折损伤时，应尽量避免骨折处的移动，以免引起或加重损伤。

无论伤者是仰卧，还是俯卧，尽量不变动原来的位置，而是将其四肢理直，准备好硬板担架后，由两人轻轻将伤者滚翻到木板上仰卧，用宽布带将伤者捆在担架上。

如果骨折位于颈部，则一人必须把住伤者的下颌和枕部，略加牵引。在滚翻时，伤者的脊柱应保持中立位，在伤者的腰或颈下垫一小布卷则更好。

九、运动性贫血

（一）发病机制与症状

人体血液中红细胞数与血红蛋白量低于正常值，称为贫血。

运动性贫血是由于运动引起的血红蛋白量减少，并低于正常值。对于运动性贫血，男性的血红蛋白低于 12 g/100 ml，女性低于 10.5 g/100 ml。在通常情况下，女性发病率高于男性。

导致运动性贫血的主要原因是：运动时肌肉对蛋白质和铁的需求量增多，若摄入量不能满足需求，则可引起贫血；红细胞抗震力较弱，运动时造成红细胞破坏增加，致使红细胞的新生与衰亡之间的平衡遭到破坏，导致红细胞低于正常值。运动性贫血发病后，主要表现为头晕、呕吐、心率加快、脸色苍白和体力下降。

（二）处置

出现上述症状，应适当减轻运动量，必要时进行休息，即刻饮服糖开水或口服硫酸亚铁，同时服用维生素 C 和胃蛋白酶合剂，有利于铁的吸收。

（三）预防

运动员在运动前应做好准备活动，并注意循序渐进，调整膳食结构，平时应增加富含蛋白质和铁的食物摄入。

十、运动性昏厥

（一）发病机制与症状

由于脑部突然供血不足或者因脑血管发生痉挛，而出现一时性知觉丧失的现象，称之为运动性昏厥。

导致运动性昏厥的原因，主要是长时间运动或剧烈运动，大量血液聚集在下肢，回心血流量减少，因而心血输出量也减少，致使脑部缺血而引起昏厥。

在日常生活中，人因长时间站立，过久下蹲后骤然起立，或者情绪过分紧张、激动，或病后体弱参加剧烈性运动等，都可能发生类似昏厥的现象。在昏厥前，人会感到全身软弱，头昏眼花，面色发白；在昏倒后，面色苍白，手足发凉，出冷汗，脉搏减弱，血压下降，呼吸缓慢。

（二）处置

发生运动性昏厥后，立即让患者平卧，松解患者衣领，抬高患者的下肢，按压患者的人中、合谷穴，并从其小腿向心脏的方向推摩和揉捏；如果有昏迷现象，可嗅氨水或静脉注射 25%～50%葡萄糖 40～60 ml，在知觉未恢复前，禁止患者喝饮料或服用其他药物；如有呕吐，应将患者的头偏向一侧；如停止呼吸，应立即进行人工呼吸。

（三）预防

对于运动性昏厥的预防，要坚持经常性锻炼，以增强体质；在剧烈运动后，不要立即停下来或坐下，而应继续慢跑，并作深呼吸；在饥饿的情况下，不要参加剧烈运动。

十一、运动中暑

（一）发病机制与症状

中暑是人长时间受高温或热辐射所引起的一种高温疾病，特别是在湿度高、通风不良或头部缺乏保护、被烈日直接照射等情况下，引起人的体温调节功能障碍而导致中暑。

症状：人在中暑早期，有头晕、头痛、呕吐现象；中暑严重时，体温升高，皮肤灼热、干燥，甚至出现精神失常、虚脱、抽搐、心律失常、血压下降、昏迷现象，可危及生命。

（二）处置

先将中暑人员安静地护送至阴凉、通风处平卧休息，然后对其采取降温措施，如解开衣领、服饮清凉饮料或十滴水等，也可补充葡萄糖、盐水。对于中暑严重者，经临时性处理后，即护送至医院诊治。

（三）预防

运动员在高温的环境下锻炼时，应适当减少运动量和锻炼时间，并尽量避免在烈日下锻炼；夏天在室内锻炼时，要有良好的通风，并备有低糖含盐的饮料；在室外锻炼时，应戴白色凉帽，穿宽松、浅色的运动服。

十二、溺水

（一）发病机制与症状

溺水是因技术错误或发生肌肉痉挛等，使人体坠入水下，随后水经口鼻进入肺内，而造成呼吸道阻塞。同时，又因冷水或吸水的刺激，引起咽喉痉挛，而导致窒息；由于溺水者不断挣扎，反使窒息加重，最终导致其缺氧和昏迷，如果时间稍长，即会危及其生命。

溺水者窒息昏迷后，脸色苍白而肿胀，双眼充血，口鼻充满泡沫，肢体冰冷，又因胃内充水，而上腹部胀大，甚至出现呼吸与心跳停止。

（二）处置

施救人员将溺水人员救出后，立即对其就地抢救，清除其口腔中的分泌物和其他异物，并迅速进行倒水。

若溺水者的心跳已停止，应同时施行心脏胸外挤压法，或口对口进行人工呼吸。多位施救人员应相互协调配合，有耐心，直至溺水者自主恢复呼吸为止。

当溺水者苏醒后，立即将其护送至医院，做进一步检查和治疗，在运送的途中，必要时可继续进行人工呼吸。

（三）预防

运动员在入水前，应做好充分的准备活动，对最易发生痉挛的小腿加强预防性练习；入水后，运动量要循序渐进，在水中时间不要过长，切忌莽撞和冒险，初学游泳者应在同伴的看护下进行练习。

思考训练

1. 如何预防运动损伤？
2. 体育锻炼的卫生需要注意什么？
3. 女子体育锻炼应注意哪些？
4. 简述常见运动损伤的处置方法。

课后实践

本章的课后实践见表3-4。

表 3-4　课后实践表

活动主题	攻城
活动目的	培养学生机智勇敢、勇于拼搏的精神
场地器材	空旷场地或操场
活动方法	把全班学生分成人数相等的甲、乙两队，每队的进攻队员与防守队员人数自行安排。当听到老师发出"开始"的指令后，双方进攻队员要想尽办法按照本方的进攻路线到达对方行营集结，然后向对方大本营发起攻击，先触及对方司令部的一方获胜 双方的防守队员在比赛开始后，可用推拉的办法将对方的队员推出或拉出其行进通道，使其出局（以该队员脚所踏的位置裁定，只要其踏入行营即为安全）。当对方进攻队员攻入本方大本营时，防守队员可用推、抱的方法将其驱逐，同时进入对方大本营的进攻队员也可将其防守队员向外驱逐，目的是触及对方的司令部。裁判员由老师和见习学生担任
活动规则	1.双方队员必须在听到指令后，才能行动 2.在行营区，双方都是安全的 3.裁判员必须及时宣布出局队员的名字，并提示其马上撤出 4.在游戏过程中，队员只可用推、拉、抱的方法，不得击打对方 5.每方的进攻与防守队员可以互换
个人总结	

第四章　大学生田径运动

章节导读

田径运动是在人类社会的发展中形成的。古时候，人们为了生存，逐步形成了走、跑、跳、投掷等各种劳动技能，并自发地组织了相关项目的比赛，这就是田径运动的雏形。现在，人们所指的田径运动是由田赛和径赛、公路赛、竞走和越野赛组成的运动。经常从事田径运动，能较全面地促进青少年身体各器官的机能发展，促进生长发育，又可以提高人体对外界环境的适应能力，增强肌体的抗疾病功能，同时还可以娱乐身心，培养健康向上的心理素质。

学习目标

本章的学习目标见表4-1。

表4-1 学习目标

知识目标	能力目标	素质目标
1.了解田径运动的项目 2.理解田径运动的技术原理	掌握田径运动的规则	1.熟练地运用所学运动项目的技战术、比赛规则，参加班级间的比赛 2.积极主动地观赏所学运动项目的国内外重要体育比赛，并加以正确评论

第一节　大学生田径运动简介

田径运动是一项古老的体育运动，它随着人类社会的产生而产生，又随着人类社会的发展而发展，逐渐形成了完整的概念和体系。

田径运动能全面地、有效地发展人的身体素质和运动技能，对其他各项运动技术的发展和成绩的提高都有很好的促进作用。因此，各项体育运动都把田径运动作为提高身体素质的训练手段之一。实践证明，许多优秀运动员，特别是球类运动员，都有较高的田径运动能力和素质水平。可见，田径运动是各项运动的基础，是对体育运动的科学总结，正确地反映了其与各项体育运动的内在联系。

国际田径联合会承认的田径项目包括竞走、跑、跳跃、投掷，以及由跑、跳跃、投掷部分项目组成的全能运动。各国为参加世界性的田径比赛和国际间的田径比赛，使本国的训练和竞赛水平与世界接轨，都参照国际田径联合会承认的世界纪录比赛项目，也根据各自的国情和需要确定了一些比赛项目。我国田径比赛项目分类见表4-2、表4-3和表4-4。

表 4-2　径赛

	成年		少年			
	男子组	女子组	男子甲组	男子乙组	女子甲组	女子乙组
竞走	20 km	5 km 10 km 20 km				
短距离跑	100 m 200 m 400 m	100 m 200 m 400 m	100 m 200 m 400 m	60 m 100 m 200 m 400 m	100 m 200 m 400 m	60 m 100 m 200 m 400 m
中距离跑	800 m 1 500 m 3 000 m	800 m 1 500 m 3 000 m	800 m 1 500 m 3 000 m	800 m	800 m 1 500 m 3 000 m	800 m
长距离跑	5 000 m 10 000 m	5 000 m 10 000 m				

续表

	成年		少年			
	男子组	女子组	男子甲组	男子乙组	女子甲组	女子乙组
跨栏跑	110 m 栏（1.067 m）400 m 栏（0.914 m）	100 米栏（0.84 m）400 m 栏（0.762 m）	110 m 栏（0.914 m）	110 m 栏（0.914 m）	100 m 栏（0.84 m）	100 m 栏（0.762 m）
障碍跑	3000 m					
马拉松	42.195 km	42.195 km				
接力跑	4×100 m 4×400 m	4×100 m 4×400 m	4×100 m	4×100 m	4×100 m	4×100 m

表 4-3　田赛

项目	成年		少年			
	男子组	女子组	男子甲组	男子乙组	女子甲组	女子乙组
跳跃	跳高、撑竿跳高、跳远、三级跳远	跳高、撑竿跳高、跳远、三级跳远	跳高、撑竿跳高、跳远、三级跳远	跳高、撑竿跳高、跳远、三级跳远	跳高、跳远	跳高、跳远
投掷	铅球（7.26 kg）铁饼（2 kg）标枪（800 g）链球（7.26 kg）	铅球（4 kg）铁饼（1 kg）标枪（600 g）链球（4 kg）	铅球（6 kg）铁饼（1.5 kg）标枪（700 g）	铅球（5 kg）铁饼（1 kg）标枪（600 g）	铅球（4 kg）铁饼（1 kg）标枪（600 g）	铅球（3 kg）

表 4-4 全能运动

成年		少年			
男子组	女子组	男子甲组	男子乙组	女子甲组	女子乙组
10 项（100 m、跳远、铅球、跳高、400 m、110 m 栏、铁饼、撑竿跳高、标枪、1 500 m）	7 项（100 m 栏、跳高、铅球、200 m、标枪、跳远、800 m）	7 项（110 m 栏、跳高、标枪、400 m、铁饼、撑竿跳高、1 500 m）	4 项（110 m 栏、跳高、标枪、1 500 m）	5 项（100 m 栏、铅球、跳高、跳远、800 m）	4 项（100 m、跳高、标枪、800 m）

我国地域辽阔，人口众多，各地区发展不平衡，田径运动的开展，应结合当地的实际情况，如场地器材条件、学生身体素质条件、学校所处地区的自然条件等，调整部分田径项目的标准或田径项目的规则，以推动田径运动更好地发展。

第二节 大学生田径运动的分类及项目

田径运动包括竞走、跑、跳跃、投掷，以及由跑、跳、跃、投掷的部分项目组成的全能运动。以时间计算成绩的项目为径赛，以高度或远度计算成绩的项目为田赛，全能运动项目则是以各单项成绩按《田径全能运动评分表》换算分数后计算成绩的。

一、走跑类项目

（一）跑的技术原理

跑是单脚支撑与腾空交替、蹬与摆配合、动作协调连贯的周期性运动。它是人体完成位移的主要方式之一，也是人体运动的自然动作。

跑对人体运动产生作用的力包括内力和外力。

1.内力

内力是指肌肉收缩时产生的力，它是人体运动的动力来源。内力可以控制跑的技术动作、保持运动时的身体姿势，改变身体与支撑点的关系。

2.外力

外力是指人体与外界物体相互作用时所产生的力。人体运动时受到的外力有支撑反作用力（它是影响人体奔跑速度的主要外力之一）、重力、摩擦力和空气阻力等几种。

（二）跑的动作周期构成与划分

跑属于周期性运动，运动员在跑的一个周期中经历了两次单腿支撑状态和两次腾空状态。就一个腿部动作而言，在一个周期中经历了支撑和摆动两个时期，这两个时期又可分为折叠前摆、下压准备着地、着地缓冲和后蹬四个阶段。当两腿同时处于摆动时期，人体处于腾空状态。

（三）步长与步频

在跑的过程中，步长与步频的变化决定奔跑速度的增减。步长与步频受多种因素的影响，决定步长的因素有腿长、蹬地力量与方向、下肢运动幅度、动作协调性、关节的灵活性、跑道的弹性和风向等；决定步频的因素有人体神经过程的灵活性、下肢运动环节比例、髋部和腿部肌肉力量、收缩速度、运动器官协调性等。

步长与步频相互依存、相互制约。如果同时提高步长和步频，跑速必然提高。但在实践中，二者中的任何一个因素都不能超过一定限度，步频太快影响步长，步长太大又影响步频。因此，每个人应根据自身的特点选择合适的步长与步频，这是确保获得较快速度的关键。

（四）短跑

短跑属于极限强度运动，短跑比赛项目包括 60 m、100 m、200 m 和 400 m，是发展速度素质最有效的手段，是许多田径项目及其他一些运动项目的基础。短跑全程技术按技术动作的变化可分为起跑、起跑后加速跑、途中跑和终点跑四个部分。

1. 100 m 跑的技术

（1）起跑

起跑的任务是使身体迅速摆脱静止状态，为起跑后加速跑创造条件。在短跑比赛中，运动员必须采用蹲踞式起跑，必须使用起跑器，运动员要按发令员的口令完成起跑动作。

安装起跑器的目的是使脚有牢固的支撑，形成良好的用力姿势，有利于起跑和起跑后的加速跑。起跑器的常用安装方式有普通式和拉长式两种。

起跑过程包括"各就位""预备"和鸣枪三个阶段。

各就位：当听到"各就位"口令后，运动员可利用短暂时间稍做放松练习，稳定一下自己的情绪，然后走到起跑器前，俯身，两手撑地，两脚依次蹬在前后起跑器的抵足板上，脚尖应触及地面，后腿膝关节跪地，通常将有力腿放在前起跑器上。接着，两臂收回至起跑线后支撑地面，两臂伸直，两手间距离与肩同宽或稍宽，四指并拢或稍分开，与拇指呈有弹性的"八"字形支撑，身体重心稍前移，肩约与起跑线齐平，头与躯干保持在一条直线上，颈部放松，身体重心均匀地落在两手、前腿和后膝之间，注意听"预备"口令。

预备：当听到"预备"口令后，运动员逐渐抬起臀部，臀部要高于肩部 10~20 cm，同时使身体重心向前上方移动。此时，身体重心落在两臂和前腿上，身体重心投影点在距离起跑线 15~20 cm 处，两小腿趋于平行，前腿膝角为 90°~100°，后腿膝角为 110°~130°。两脚贴紧在前后起跑器抵足板上，注意力集中听枪声。

鸣枪：在听到枪声后，运动员两手迅速推离地面，屈肘做有力的前后摆动，同时两腿快速用力蹬起跑器，后腿快速蹬离起跑器后，迅速屈膝向前上方摆出，摆出时脚不应离地面过高，这有利于摆动腿迅速着地并过渡至下一步。前腿有力地蹬伸，后蹬角为 42°~45°。

（2）起跑后加速跑

起跑后加速跑是指起跑后立即转入加速跑，即从蹬离起跑器到途中跑开始的一个跑段，一般为 30 m 左右（优秀运动员略长），它的任务是尽快加速，以达到自己的最高速度。

脚蹬离起跑器后,运动员的身体处于较大的前倾姿势,为了不使身体向前摔倒,必须继续加速,要积极加快腿与臂的摆动和蹬地动作,保持身体平衡,第一步的脚着地应尽量靠近身体重心投影点,脚着地后迅速转入后蹬,身体的前倾度随着跑速的增加而逐渐减小。

起跑后第一步约为三脚半长,第二步约为四脚至四脚半长,以后逐渐增大,直至达到途中跑的步长。

(3)途中跑

途中跑是指经起跑、起跑后加速跑转入高速跑的一段跑程,它的任务是继续发挥和保持最高跑速。起跑后加速跑结束即进入途中跑,一个单步由后蹬和前摆、腾空、着地和缓冲等部分组成。

后蹬和前摆:后蹬是推动人体向前运动的重要动作阶段。当身体重心移过支撑垂直面时,支撑腿开始积极有力地后蹬。随着支撑腿的蹬地,摆动腿迅速有力地向前上方摆出,并带动同侧髋前移,大腿前摆与水平面的角度为15°~20°。当后蹬与前摆结束时,支撑腿与摆动腿夹角为100°~110°,支撑腿的支点到髋关节的连线与地面的夹角为55°~60°,支撑腿蹬离地面时膝夹角为150°~156°。

支撑腿与摆动腿的协调配合是途中跑技术的关键,正确完成蹬摆技术,特别是增加摆动腿的幅度和速度,对于增大支撑反作用力、减小支撑腿的后蹬角度、增大水平速度和减小身体重心上下波动具有十分重要的作用。

腾空:腾空是支撑腿结束后蹬离地面,进入无支撑状态。腾空期是从足尖离地后开始的,支撑腿随着蹬地后的惯性,使膝关节折叠屈曲,同时还伴随着另一条腿抬大腿的屈髋关节动作,形成边折叠边前摆姿势。

着地和缓冲:腾空结束时,摆动腿积极下压,用前脚掌有弹性地着地。在着地瞬间,小腿与地面接近垂直,着地点距身体重心投影点27~37 cm,着地角为65°~68°。摆动腿积极着地有利于缩短前腿支撑的时间,并能减小着地时的阻力,有利于身体重心迅速前移转入后蹬阶段,然后迅速屈膝屈踝缓冲。伴随着跑动的惯性,摆动腿大小腿折叠,迅速向前摆动并与支撑腿靠拢。随着身体的继续前移,当身体重心位于支撑点上方时,身体重心高度几乎接近最低点,这时膝关节和踝关节屈曲角度最大,支撑腿伸肌形成良好的拉长压紧待发状态。

在支撑腿缓冲过程中,另一侧摆动腿的大小腿折叠角处于最小状态,折叠越好,越能缩短摆动半径，减小摆动阻力，加快摆动速度，从而提高后蹬效果。

（4）终点跑

终点跑是全程跑的最后一段，应尽力保持途中跑的高速度并跑过终点。终点跑的技术要求是：运动员在离终点线 15～20 m 处时，尽力加快两臂摆动的速度、加大摆动的力量，保持上体前倾角度；当运动员距终点线一步时，上体急速前倾，双手后摆，用胸部或肩部抢撞终点线。

2. 200 m 跑和 400 m 跑的技术

200 m 跑和 400 m 跑有一半以上的距离是在弯道上进行的，为了适应弯道，技术上要有相应的变化。为了便于弯道起跑后能有一段直线距离进行加速跑，应将起跑器安装在弯道跑道的右侧，起跑器对着弯道的切线方向。

在弯道起跑后的前几步，运动员应沿着内侧分道线的切线跑，这样加速跑的距离可适当缩短，上体抬起较早。在进入弯道时，运动员应尽可能地沿着跑道内侧跑，身体及时向内侧倾斜。

运动员从直道进入弯道时，身体应有意识地向内倾斜，加大右侧腿和臂的摆动力量及摆动幅度，弯道跑的蹬地和摆动方向都应与身体向圆心方向倾斜趋于一致。运动员从弯道跑进直道时，应在弯道的最后几步，逐渐减小身体内倾程度，自然跑几步，然后全力向前跑。

3. 跨栏跑技术

跨栏跑项目有男子 110 m 栏、女子 100 m 栏、男子 400 m 栏、女子 400 m 栏，下面以介绍直道栏技术为例：

直道栏全程跑分为起跑至第一栏技术、过栏技术、栏间跑技术和全程跨栏跑技术。

（1）起跑至第一栏技术

起跑至第一栏加速跑的任务是快速起动、积极加速，为顺利地跨过第一栏和全程跑打好基础。起跑采用蹲踞式起跑。

起跑至第一栏跑 8 步时起跨腿在前，单数则摆动腿在前。

起跑预备时，运动员的臀部位置稍高，起跑后加速跑时各步后蹬角度较大，身体重心位置较高。

跑到第 6 步以后，身体姿势已接近途中跑的姿势，并准备起跨过栏。

起跑后各步步长均匀增大，栏前最后两步积极跑进，最后一步起跨腿积极着地，缩短步长 10～20 cm，以加快起跨速度。

（2）过栏技术

过栏是指从起跨脚踏上起跨点到过栏后摆动腿的脚接触地面的过程。过栏的任务是使身体迅速越过栏架，为栏间跑创造条件。跨栏步技术分为起跨攻栏、腾空过栏和下栏着地三个阶段。

（3）栏间跑技术

栏间跑技术是指从过栏后摆动腿的脚着地点至起跨腿的脚踏上起跨点这段距离中所表现出来的技术动作特征。栏间跑的主要任务是尽可能地加快栏间跑的节奏，提高跑速，为顺利跨过下一栏创造有利条件。

（4）全程跑技术

全程跑的任务是合理地将跨栏技术与快速的栏间跑技术紧密结合起来，保持正确的节奏和最快的速度跨越全部栏架，到达终点。

我们将全程跑看成一个整体，但各阶段有所差异。

先要过好第一栏，这对于速度的发挥和节奏的建立，以及运动员自信心的树立，都有十分重要的意义。

全程跑的前三栏属于加速阶段，第四栏至第六栏达到最高速度，第七栏至第九栏由于运动员的体力呈逐渐下降趋势，此时应注意在技术上控制动作不变形，在速度上避免下降过快。

第十栏是最后一个障碍，过此栏时，运动员要加快下栏动作的速度，过栏后把跨栏节奏调整为短跑节奏，注意用力蹬地和摆臂。

（五）中长跑

中长跑包括中距离跑（中跑）和长距离跑（长跑）。中距离跑是对速度和耐力都要求较高的项目，长距离跑是以耐力为主的项目。

1.中长跑技术

中长跑各个项目的完整技术可以分为起跑、起跑后加速跑、途中跑和终点跑等主要环节。

（1）起跑和起跑后加速跑

中长跑采用站立式起跑。当听到"各就位"口令后，运动员从集合线走到起跑线后，两脚前后站立，有力腿在前，紧靠起跑线后沿。两脚前后距离为一脚长，左右间隔为半脚长，两臂一前一后，或是两臂在体前自然下垂，颈部放松，整个身体保持稳定姿势。

注意听枪声，运动员在听到枪声后，两腿用力蹬地，后腿蹬地后迅速前摆，两臂配合，两腿做快速而有力量的前后摆动，使身体快速向前冲出，过渡到起跑后加速跑阶段。

在加速跑时，运动员的两腿应迅速、有力地蹬伸，积极地摆臂，在短时间内达到预定速度。无论是在直道上起跑，还是在弯道上起跑，运动员都应按切线方向跑进，在规则允许的范围内，抢占有利的战术位置，然后进入途中跑。

（2）途中跑

途中跑是决定中长跑运动成绩的主要环节。途中跑应强调轻松、省力、节奏好。

途中跑有一半以上的距离是在弯道上进行的，弯道跑技术基本上与短跑的弯道跑技术相同，只是跑速相对较慢，动作速度、幅度和用力程度较小。

中长跑除了因战术需要而改变跑的节奏外，一般多采用匀速跑。匀速跑可为肌肉和内脏器官的活动创造有利条件，并能推迟疲劳的出现。但长时间用一种节奏跑，会使运动员感到单调，也不适合竞争的需要，因此运动员应掌握多种节奏跑的方法。

（3）终点跑

终点跑的距离要根据项目、训练水平、个人特点、技术需要及比赛具体情况而定。一般情况下，对于 800 m 跑，可在最后 200～300 m 开始终点冲刺跑；对于 1 500 m 跑，可在最后 300～400 m 开始终点冲刺跑；对于 3 000 m 以上跑，可在最后 400 m 到稍长距离开始终点冲刺跑。

速度好的运动员往往在跟随跑的前提下，在最后一个直道突然加速；耐力好的运动员多采用更长段落的冲刺跑。

无论终点跑的距离是长，还是短，在冲刺跑之前，运动员都必须抢占有利位置，并注意观察对手的情况，然后动员身体的全部力量冲过终点。

2.中长跑的呼吸

在中长跑时，为了改善气体交换与血液循环的条件，运动员应注意调节呼吸节奏。呼吸节奏取决于个人的特点和跑的速度，一般是跑两步或三步一呼气、跑两步或三步一吸气。随着跑速的提高，呼吸频率也会加快，呼吸应自然并有一定的深度。随着疲劳的出现，应着重加深呼气，因为只有充分呼出二氧化碳，才能充分吸进新鲜的氧气。在强度大、竞争激烈的情况下，为了提高呼吸效率，运动员仅用鼻呼吸是不够的，应用半张口与鼻同时呼吸，来最大限度地满足肌体对氧气的需求。

二、跳跃类项目

（一）跳跃技术原理

在田径运动中，跳跃项目属非周期性运动项目，按其用力特点则属于速度力量型项目。运动员的速度素质和爆发性用力的能力，对其运动成绩起着决定性的作用。

跳跃项目分为两类：一类为克服垂直障碍的高度项目，如跳高和撑竿跳高；另一类为克服水平障碍的远度项目，如跳远和三级跳远。

所有跳跃项目既有共同的运动规律，又有各自的运动学和动力学特征。

（二）背越式跳高

背越式跳高是20世纪60年代后期产生和发展起来的一种新的跳高技术，由于它能够更充分地发挥运动员的速度和爆发性用力的潜在能力，所以取代了其他传统的跳高方法，成为当代最先进的跳高技术。

背越式跳高具有快速的技术特征，且能与力量完美地结合起来，使技术动作表现出很高的效率。背越式跳高的完整技术是由助跑、起跳、过杆和落坑四个部分组成的。

1.助跑

快速助跑是背越式跳高技术的特点之一。为了利用助跑的速度提升起跳效果，背越式跳高的助跑距离较长，且采用更接近普通跑的跑法。

运动员的助跑大多采用8～12步，路线呈抛物曲线，或者是一条直线接抛物曲线。这种助跑路线的优点是便于加速和使速度损失减小至最低限度。最后3～5步在曲率逐渐加大的曲线上跑进，使身体的内倾逐渐加大，至最后第二步摆动腿支撑垂直部位时达到最大内倾。

背越式跳高采用弧线助跑，是形成背向越杆的需要，也是产生高效率起跳的前提和保证，最后一步约与横杆成30°。

2.起跳

背越式跳高的起跳在起跳脚踏向起跳点时，要求运动员保持身体的内倾姿势向前送髋和前移躯干，并使起跳腿一侧的髋超越摆动腿同侧髋，同时控制肩轴几乎与横杆垂直，形成肩轴与髋轴的扭紧状态。然后，起跳腿以大腿带动小腿积极下压着地，着地时起跳脚外侧根部接触地面，接着通过脚的外侧滚动至全脚掌，脚尖朝向弧线的切线方向。随着身体由内倾转为垂直，迅速地完成缓冲和蹬伸动作。

蹬伸动作依次由髋、膝、踝顺序用力，躯干和三个关节充分伸展，运动员顺势向上起跳。摆臂的方法有双臂摆动和单臂摆动两种，前者有助于加大摆动的力量，后者有助于缩短起跳的时间。但无论采用何种摆动方法，都要求快速、充分，与摆动腿的摆动协调配合。

3.过杆与落坑

过杆是最终决定跳跃成败的重要环节。合理的过杆技术应利用人体旋转的惯性，并根据人体与横杆相对位置的改变，控制旋转速度的变化，使身体的各个部位顺利地越过横杆。

当运动员的起跳腿蹬离地面结束起跳以后，身体应保持较伸展的姿势向上腾起，同时在摆动腿和同侧臂的带动下，围绕身体纵轴旋转，使身体转向背对横杆，这时采取较伸展的姿势，可以减慢围绕身体矢状轴和额状轴的旋转速度，防止上体过早地倾向横杆，有助于以摆动腿同侧臂和肩为先导超越横杆。

当运动员的头和肩越过横杆以后，应及时地仰头、倒肩和展体，并利用身体重心向上的速度收腿挺髋，形成身体的背弓姿势，这时，两腿屈膝稍后收，两臂置于体侧，可以缩短运动半径，加快围绕身体额状轴的旋转。当身体重心移过横杆时，则应做相反的补偿，即含胸收腹，控制上体继续下旋，同时以髋部发力，带动大腿和小腿加速向后上方甩腿，使整个身体依次脱离横杆。

落坑技术比较简单，在运动员向后上方甩腿之后，保持屈髋伸膝的姿势下落，最后以上背部或背部落于海绵坑，并做好缓冲，以防止受伤。

（三）跳远

跳远的完整技术由助跑、起跳、腾空和落地四个部分组成。

1.助跑

助跑的任务是获得较高的水平速度，并为准确、快速、有力地踏板和起跳创造条件。

跳远成绩与助跑速度有着密切的关系。为了获得较高的助跑速度，必须有相应的助跑距离。目前，在优秀运动员中，男子助跑距离为 40～50 m，女子助跑距离为 30～35 m。

在助跑中，一般设有两个标志：第一个标志设在起跑点，第二个标志设在最后 6～8 步起跳脚着地处。

助跑开始姿势有两种：一种是采用两腿微屈、两脚左右平行站立的"半蹲式"；另一种是行进间走几步或跑几步踏上起跑点，开始加速。

助跑的加速方法也有两种：一种是积极加速，另一种是逐渐加速（它是大多数运动员所采用的方法，因为踏板准确性较好）。

2.起跳

起跳的任务是充分利用助跑速度，获得尽可能大的腾起初速度和以适宜的腾起角度向空中腾起。起跳动作分为起跳脚着地、缓冲和蹬伸三个阶段。

（1）起跳脚着地

在助跑的最后一步，为了加快着板动作，起跳腿大腿前摆抬得比短跑时低一些，采用像跑时那样的"扒地"动作，积极下落着板，脚跟与脚掌几乎同时接触起跳板。

（2）缓冲

缓冲在于减缓起跳的制动性，减少助跑速度的损失，积极前移身体，为快速有力的蹬伸创造条件。起跳脚着板后，由于惯性，迫使起跳腿的髋、膝、踝关节很快地弯曲缓冲。缓冲时，优秀运动员膝关节最大弯曲程度为145°。此时，运动员的身体保持较直的姿势，使身体重心保持较高的位置，积极加速身体前移。

（3）蹬伸

当运动员的身体重心达到支撑点上方时，开始进行蹬伸动作，此时，两眼正视前方，上体保持正直，提肩、拔腰，同时下腿快速蹬伸，髋、膝、踝三个关节充分伸直，身体伸展向前上方腾起，腾起角为18°～24°。

起跳时，运动员摆动腿和两臂做快速摆动。当起跳脚踏上起跳板时，运动员摆动腿大小腿折叠，屈腿前摆，加快身体重心前移；在起跳腿蹬伸时，摆动腿快而有力地向前上方摆出，带动髋部迅速前移；两臂配合下肢动作屈肘做有力摆动；在摆动结束前的瞬间，摆动腿大腿约与地面平行，起跳腿同侧肘关节接近与肩平行，另一侧臂后摆接近最大限度，摆动动作突然停止，以增强起跳效果。

3.腾空和落地

腾空动作是为维持身体平衡和为落地创造有利条件，正确地落地是为争取更好的成绩和防止受伤。

起跳结束后即进入腾空阶段，运动员要保持起跳结束时的"跨步"姿势，向前、向上腾起。这一"跨步"姿势一般称为"腾空步"。"腾空步"之后的动作一般有蹲踞式、挺身式和走步式三种。

（1）蹲踞式

起跳成腾空步后，运动员上体仍保持正直，摆动腿的大腿继续高抬，两臂向前挥摆，起跳腿开始向前上方提举，逐渐与摆动腿靠拢，形成空中蹲踞的姿势。

（2）挺身式

进入腾空步后，运动员摆动腿的大腿积极下放，小腿由前向后呈弧形摆动，髋关节伸展，两臂向下、向后上方摆动，这时留在身后的起跳腿与向后摆动的摆动腿靠拢，臀部前移，胸、腰稍向前挺，形成展体挺身的姿势。

（3）走步式

起跳进入腾空步后，运动员摆动腿以髋为轴开始放下，并向后摆动，同时起跳腿屈膝，大腿向前提，随即向前伸小腿，形成空中换步动作，两臂配合腿的动作做大幅度环绕摆动。随后，摆到身体后面的摆动腿向前收与起跳腿靠拢，并向胸部提举，形成在空中迈两步半的走步式。

在准备落地时，运动员两腿要屈膝高抬，上体前倾，在脚接触沙坑前，两腿尽量向前伸直，此时上体不应过分前倾。两臂由上经前向下后方摆，脚触沙坑后及时屈膝，使身体重心向下、向前移过支撑点。

（四）三级跳远

三级跳远是运动员由助跑开始，沿直线连续进行三次水平跳跃的田径项目。田径规则规定：三级跳远的第一跳为单足跳，第二跳为跨步跳，第三跳为跳跃，即前两跳为同一条腿跳跃，最后一跳用另一条腿进行跳跃。

三级跳远技术动作比较复杂，运动员必须具备良好的身体素质和较高的技术水平，才能保证获得较好的运动成绩。

三级跳远技术的要求为：快速的助跑及合理的助跑节奏，积极上板，快速、有力地起跳；支撑阶段富有弹性的缓冲和加快身体重心前移的速度；腾空阶段自然平衡的换腿动作和落地前的积极扒地动作，最后落地时双腿抬向前远伸的技术动作。

1.助跑

助跑的任务是获得最快的助跑速度、准确地踏板，并为第一跳的起跳做好充分准备。

三级跳远的助跑与跳远的助跑大致相同。助跑的距离一般为 35 m、20±4 步，加速的方式一般有逐渐加速和积极加速两种。

助跑的最后几步要积极加速上板，身体重心要高，上体正直或稍前倾，保持正常跑的动作结构。最后一步要积极快速落脚，大腿抬得略低于前几步助跑的抬腿幅度，摆动腿与两臂配合起跳腿更加积极地摆动，这都有利于保持最好的助跑水平速度及加快起跳速度。

2. 第一跳（单足跳）

为了保证在第一跳中尽可能地减少助跑水平速度的损失，要求运动员在助跑的最后一步时，起跳腿用全脚掌以积极自然的跑步动作踏向起跳板，大腿下落要快速、积极，落脚时要有快速、有力的扒地动作。此时，上体正直或稍前倾，起跳脚的着地点尽量靠近身体重心的投影点，在触地瞬间腿几乎伸直，与地面的角度为69°±3°。

起跳脚着地后，运动员要迅速屈膝缓冲，使身体快速前移，同时摆动腿大小腿折叠积极前摆，两臂协调配合，使整个身体处于蹬伸前的最有利状态。

随着身体的快速前移，起跳腿及时进行爆发性的蹬伸动作，摆动腿与两臂配合起跳腿的蹬伸动作，快速、有力地大幅度向前上方摆动，在起跳结束的瞬间，起跳腿充分蹬直，与地面的角度为62°±2°。

起跳结束后进入腾空阶段，腾起角为14°～17°。起跳的腾起角十分重要，腾起角增大会导致水平速度损失更多，腾空轨迹较高又会增加第二跳起跳腿的负荷，并对后两跳产生不良影响。

在"单足跳"保持腾空步动作1/3距离后，开始做换腿的动作，即摆动腿大腿带动小腿自然向下、向后摆动。同时，起跳腿屈膝前摆，大小腿尽量折叠，随着摆动腿的继续后摆和起跳腿的前摆高抬，完成换步动作。此时，注意掌握换步时机，以保证第一跳的远度，并为下一跳的起跳做好准备。

由于运动员采用的跳跃方式不同，两臂动作也不相同，大多数运动员为了不影响跑的速度，采用前后摆臂的方式，也有运动员采用双臂同时摆动的方式。

3. 第二跳（跨步跳）

当完成第一跳的换步动作后，运动员起跳腿继续高抬，摆动腿充分后摆，以加大两腿间的夹角。随着身体的下降，前摆的起跳腿开始积极、有力地下压，小腿迅速前伸做有力的扒地动作，几乎是直腿以脚跟着地，着地角为68°±2°。要及时地屈膝伸踝，进行缓冲并迅速将重心换到前脚掌，以促使身体快速前移。同时，摆动腿和两臂快速、有力地向前摆动，促使起跳腿做快速、有力的蹬伸动作。

第二跳的腾空高度比其他两跳略低，腾起角在14°左右。进入腾空阶段，运动员要尽可能长时间地保持跨步姿势。优秀运动员在腾空过程中完成两腿反弹式的回摆动作，使摆动腿积极上提,起跳腿屈小腿后摆,上体随着摆动腿的上提而前倾,两腿间夹角达到最大。这样,有利于保持身体的平衡,并为第三跳的起跳做好充分准备。

4. 第三跳(跳跃)

在"跨步跳"的腾空阶段,当身体开始下降时,运动员应以大腿积极下压,小腿前伸做有力的向下、向后快速扒地动作,以保证第三跳的起跳能够快速完成。由于摆动腿的积极下压和快速的扒地动作,使其着地后适度地屈膝、伸踝,积极缓冲,但支撑缓冲时腿部弯曲不宜过大,这样才能使身体快速前移。随着摆动腿和两臂快速有力地、大幅度地向前上方摆出,要及时完成第三跳的起跳动作。在起跳结束的瞬间,起跳腿髋、膝、踝三关节充分蹬直,并与上体成一直线。

第三跳的腾起角为16°~18°,空中动作与跳远时一样,一般多采用"挺身式"或"蹲踞式"。落地动作与跳远落地技术相同,在触地瞬间柔和地屈膝缓冲,髋部迅速向前移动,使身体特别是臀部迅速移过落点,坐在落点处或倒向落点一侧。

三、投掷类项目

田径运动的投掷项目有推铅球、掷标枪、掷铁饼和掷链球四个项目。这些项目所采用器械的形状、重量、材质和技术形式不一样,比赛的场地要求各不相同,但都属于田径运动的田赛项目。本书将以铅球项目为例,介绍投掷项目的技术特点。

推铅球是速度力量型项目。目前,在竞技体育比赛中,推铅球技术主要有两种,即背向滑步推铅球和背向旋转推铅球,在此仅介绍背向滑步推铅球技术。

为了方便分析,把铅球技术分为握持铅球、滑步前的预备姿势、滑步、最后用力和维持身体平衡五部分,并以右手推铅球为例。

(一)握持铅球

1. 握球

握球时,运动员的五指自然分开,将球放在食指、中指和无名指根处,拇指和小指扶在球的两侧,手腕背屈。这样,可以增加握球的稳定性,防止铅球滑动,充分发挥手腕和手指的力量,使铅球获得更快的初速度。

2.持球

运动员握好球后,将球放在锁骨窝处,贴于颈部,下颌向右转,右臂屈肘,掌心向内,上臂与肩齐平或略低于肩,左臂自然上举,两眼平视前方。

握持铅球的方法比较简单,但动作掌握得正确与否,会对滑步和最后用力动作产生较大的影响。握持铅球的动作细节可因人而异,但必须有利于完成后续动作和发挥肌肉的力量。

(二)滑步前的预备姿势

预备姿势是滑步前的准备动作,它对铅球运行距离的长短和身体的平衡有重要的作用,并能为运动员顺利地进入滑步动作创造良好的条件。滑步前的预备姿势大体上可分为高姿和低姿两种,大多数人采用高姿,即持球后,背对投掷方向,两脚前后开立,右脚在前,脚尖贴近投掷圈的后沿;左脚在后,左膝稍屈,以前脚掌或脚尖轻轻点地。上体正直或稍前倾,目视前下方,身体重心压在右腿上。待身体平稳后,上体逐渐前倾,左腿向后上方抬起,左臂自然下垂。然后,右腿弯曲,左腿收回,形成团身姿势。这时,上体要与地面基本保持平行,右膝的投影点要在右脚脚尖的前面,铅球的投影点要在右膝的前面。左膝收至右膝窝处,身体重心压在右脚前脚掌上,眼睛看前下方 2~3 m 处。

(三)滑步

滑步的目的是使铅球获得一定的水平速度,并为最后用力创造良好的条件。滑步推铅球技术好的运动员,其滑步推铅球的距离可以比原地推铅球远 1.5~3 m。

决定滑步效果的因素,主要有三个方面:一是左腿摆动的力量、速度和方向;二是右腿蹬地的力量、速度和角度;三是左腿摆动与右腿蹬地的协调配合度。

预备姿势完成后,臀部带动身体重心略向投掷方向移动,使其移离身体的支撑点(右脚),便于滑步和避免身体重心起伏过大。接着,左腿积极蹬伸,并及时拉收、内旋,两腿摆蹬协调配合,推动身体向投掷方向快速移动,形成最后用力前的良好姿势。

滑步开始时,右脚蹬地的方法有两种:一种是脚前掌蹬地,另一种是脚后跟蹬地。前者动作简单、省力,便于拉收右脚,容易掌握,但右腿蹬地不充分,力量小,蹬地角度大,滑步时易造成身体重心上下起伏较大;后者右腿蹬地充分,力量大,蹬地角度小,能减小滑步时身体重心的起伏,能更好地发挥水平速度,但对腿部的力量和灵活性要求较高,拉收右腿动作难度较大。

（四）最后用力

最后用力是从左脚落地前开始至铅球离手结束。最后用力是推铅球技术的关键环节，它对铅球出手初速度的贡献率高达 80%～85%，其动作正确与否直接影响铅球出手时的初速度、出手角度和出手高度。

当运动员滑步结束右脚着地时，右腿迅速蹬转，左脚积极着地。滑步结束后，右髋向投掷方向转动，努力保持肩轴与髋轴的扭紧姿势，上体在转动中逐渐抬起。为加快上体转动和抬起，左臂由胸前向投掷方向牵引摆动，使身体由背对投掷方向转至侧对投掷方向。此时，肩轴仍落后于髋轴，左臂和左肩高于右肩，身体重心仍在弯曲而压紧的右腿上，身体形成侧弓姿势。拉长的肌群呈待发之势，为躯干最后用力动作创造有利条件。

身体形成侧弓后，右腿继续蹬伸，加速右髋向投掷方向转动和上体前移，身体重心逐渐移至左腿，左膝被动微屈。左臂由上向身体左侧靠压制动，同时快速转体，挺胸抬头，用力推球。当铅球将要离手时，右手屈腕，手指有弹性地发挥，以加快铅球出手速度。铅球出手的角度一般是 35°～39°。

在最后用力前，髋轴在前，肩轴在后，两轴形成一定的交叉角，使躯干肌群充分扭紧。最后用力开始后，右腿用力蹬伸，推动右髋转动，使肩轴更加落后于髋轴，从而使躯干肌群得到最大限度的预先拉长。当髋轴转至接近正对投掷方向时，肩轴迅速转动，赶超髋轴，形成自下而上的用力顺序，使下肢和躯干肌肉的力量得到充分的发挥。在最后用力的过程中，右腿正确地蹬伸用力能保证髋部正确地运动，而髋部动作将直接影响转体和身体侧弓动作的形成。左腿的支撑动作非常重要，它可以有效地保证动量转换，从而加快上体和铅球向前上方运动，提高铅球的出手高度，并使铅球获得较大的垂直分力，进而达到理想的出手速度和出手角度。

（五）维持身体平衡

铅球离手后，运动员的两腿前后交换，同时身体左转，并及时降低身体重心，以便减缓向前冲力，维持身体平衡，避免出圈犯规。

第三节　大学生田径运动的规则

一、径赛项目

在田径运动会中，所有赛跑项目（包括跨栏和接力跑）都属于径赛项目。参赛者的名次，决定于其身体躯干（有别于头、颈、臂、腿、手或足）抵达终点内侧之垂直线为止时的顺序。当两名运动员的径赛成绩相同而影响进入下一赛次时，若情况许可，均予以取录，否则应予重赛。在决赛中成绩同是第一，总裁判有权决定是否重赛，若认为无须重赛，则维持比赛结果；至于其他名次，就算成绩相同，也不需要重赛。

（一）短跑及中跑、长跑

在国际赛事中，所有400 m或其以下的径赛项目，必须采用蹲踞式起跑及使用起跑器。在"各就位"及"预备"口令之后，参赛者应马上完成有关动作，任何不能在合理时间内完成有关动作的参赛者，则属起跑犯规。除此之外，在"各就位"后，以声音或动作扰乱他人的，将被判以起跑犯规。在枪声响起之前，有任何起跑动作，也属起跑犯规。自2010年1月1日起，执行"零抢跑"规则，即任何运动员只要抢跑，就将被取消比赛资格，不会再给第二次机会。对于400 m以上的竞赛项目，口令只有"各就位"，当所有参赛者准备妥当及静止后，便可鸣枪开始比赛。

在划分赛道进行的径赛项目或其部分中，参赛者不得越出指定赛道，否则会被取消比赛资格。在任何径赛项目中，若冲撞、突然切入或阻碍其他参赛者，也会被取消参赛资格。反过来说，若任何参赛者被推离或逼离指定赛道，只要未获得实际利益，不必取消其参赛资格。同样情况，任何参赛者在直道中越出其赛道或在弯道中越出其赛道的外侧，只要没有得益及未阻碍他人，也不算犯规。

（二）跨栏

各参赛者必须在自己的赛道内完成比赛，当参赛者跨越栏架时，若其腿或脚从低于栏架顶的水平线跨越，或跨越并非自己赛道上的栏架，均应被取消参赛资格。若裁判员认为参赛者故意以手或脚撞倒任何栏架，也应取消其参赛资格。

（三）接力跑

4×100 m 接力跑是分道进行的，接棒者可以在接棒区前 10 m 内起跑。

在 4×400 m 接力跑中，第一棒全程及第二棒的第一弯道是分道跑的，第二棒运动员要跑至抢道线后，方可自由抢道。第一棒的传接必须在参赛者指定的赛道内进行，其余各棒的传接，裁判员会根据第二棒及第三棒运动员通过 200 m 起点处的先后，按次序让其第三棒及第四棒的队友在接棒范围内，由内至外排列等候接棒。所有接棒者均不可以在接棒区外起跑。

接力棒必须拿在手上，直到比赛结束为止。任何人掉了棒，必须由其本人拾回，而且要在不影响别人的情况下，方可越出自己的赛道拾回接力棒。所有接力赛事，必须在接棒区内完成交接棒。"接棒区内"的判定是根据接力棒的位置，而不是根据参赛者的身体或四肢的位置。任何参赛者在传接棒完毕后故意越出赛道以妨碍其他参赛队伍的，其所在队伍可能会被取消参赛资格。

二、田赛项目

所有赛跑项目以外的赛事，均属田赛项目，田赛项目又可分为投掷类和跳类。除跳高以外，参赛人数超过 8 名，每人应有 3 次试掷（跳）机会，试掷（跳）成绩最好的 8 名参赛者可获得另外 3 次试掷（跳）的机会。若超过 1 名参赛者同时获得相同于第八名的成绩，则每位成绩相同于第八名的参赛者均可再获 3 次试掷（跳）的机会。参赛的总人数是 8 人或其以下的，则每位参赛者应有 6 次试掷（跳）的机会。

若参赛者同时参加了田赛和径赛项目，或一项以上的田赛项目，而在比赛时间上有所冲突时，田赛项目裁判可让参赛者在每轮中更改赛前预定的试掷（跳）次序，但每位参赛者在任何一轮比赛中不得有多于 1 次试掷（跳）的机会（跳高除外）。

以距离决定胜负的田赛项目，以参赛者全部试掷（跳）中的最佳成绩计算名次。如果遇到两名或者两名以上参赛者的最佳成绩相同时，应以次好成绩定胜负，如此类推。若仍无法定出胜负而又涉及两名或者两名以上参赛者竞逐第一名时，则成绩相同者须依原来顺序进行比赛，直至分出胜负为止。

以高度决定胜负的田赛项目，遇到参赛者最佳成绩相同时，以最少试跳次数成功越过最后高度的参赛者排在较前位置。如仍未分胜负，则全场比赛中试跳失败次数最少（包括最后跳过的高度）的参赛者排在较前位置。若仍无法分出胜负而涉及竞逐第一名时，有关参赛者有可能在不同高度试跳而相继失败，裁判应以其中最低高度再给予1次试跳机会。如仍无法分出高下，则每次升高或降低2 cm让有关参赛者加跳1次，直至能定出胜负为止，而且在此情况下，有关参赛者必须试跳，以便判定名次。如果不涉及竞逐第一名的，则由成绩相同的有关参赛者并列同等名次。

若田赛参赛者无理延误试掷或试跳，便算一次失败，如再次延误比赛，会被取消继续比赛资格，但之前所取得的成绩仍被承认。在正常情况下，每名参赛者每次试掷或试跳的时间不得超过1.5 min；当跳高比赛只剩下2人或3人时，此时限应增至3 min；当跳高比赛只剩下1人时，此时限应增至5 min。

（一）铅球

铅球比赛的参赛者必须在投掷圈内，由静止状态开始，把铅球以单手由肩上推出。在整个推铅球的过程中，铅球应接触或接近参赛者的下颚，并且不得低于此位置，也不得移至肩线之后。投掷时，参赛者可以触碰投掷圈及抵趾板的内缘，但身体的任何部位若触到投掷圈或抵趾板上缘及投掷圈外面的地面，均视作试推失败。在铅球未着地前，参赛者不得离开投掷圈；参赛者离开投掷圈时，必须从其后半圆离开。

在投掷的过程中，参赛者可以中途停顿，甚至把铅球放下，以及离开投掷圈（但仍要符合上述规定），然后重新由静止位置开始投掷。

铅球必须完全落在扇形地区角度线范围以内，方为有效。在丈量时，应从铅球着地痕迹的最接近投掷圈端拉向投掷圈的圆心，以投掷圈内缘至铅球着地痕迹近缘的距离为计算成绩。该距离的计算以0.01 m为最小单位，若不足0.01 m，应以较低的读数计算成绩。

（二）跳高

在跳高比赛开始前，裁判员必须向参赛者宣布起跳的高度及每次上升的高度，直至只剩下1位参赛者为止。除非只剩下冠军参赛者，否则每次横杆的升幅不得少于2 cm，而且横杆的升幅不得增加。在只剩下冠军参赛者的情况下，横杆的升幅可按其意愿决定。

跳高比赛的参赛者必须单脚起跳，若起跳后横杆未停留在支架上，或在参赛者尚未越过横杆前,身体的任何部位触及两支架间或两支架以外的地面(包括着地区域),则试跳失败。如果参赛者在试跳时脚部触及着地区域,而裁判员认为并未因此而获得利益,则该试跳仍算有效。

跳高比赛的参赛者可以在任何一个高度开始起跳,往后也可以自由选择高度试跳,但无论高度为多少,如果连续3次试跳失败,便会丧失继续比赛的资格。若参赛者曾放弃某一高度的第一次试跳,其后便不得在同一高度上再次要求试跳(成绩相同时的额外试跳除外)。

(三)跳远

跳远比赛的参赛者有下列任何情况,均按试跳失败处置:

1. 无论起跳与否,参赛者身体的任何部位触及起跳线前方的地面。
2. 无论是否超过起跳线,参赛者在起跳板两端以外起跳。
3. 在着地时,参赛者身体的任何部分触及着地区域以外的地面,而该点较其着地区域近。
4. 完成试跳后,参赛者在着地区域向后行。
5. 参赛者使用任何翻腾动作试跳。

除上述第二项行为外,参赛者未到达起跳板即开始起跳,不得判作失败。丈量试跳成绩时,应以参赛者身体任何部位在着地区域表面留下的痕迹与起跳线或其延长线间的最短距离为准。这个距离的计算,应以 0.01 m 为最小单位,不足 0.01 m 者,应以较低的读数计算成绩。

(四)三级跳远

三级跳远必须按顺序由单足跳、跨步跳及跳跃三个部分组成。第一次起跳后,参赛者应以同足着地,进行第二次起跳;第二次起跳后,参赛者则要以另一足着地,然后再做第三次(最后一次)起跳。除场地外,跳远的所有规则,均适用于三级跳远项目。

课后思考

1. 田径运动的分类有哪些?
2. 田径运动的项目有哪些?

3.简述田径运动的规则。

课后实践

本章的课后实践见表 4-5。

表 4-5　课后实践表

活动主题	跑·跳·蹲
活动目的	学生练习跑、跳、蹲，提升学生的灵敏素质
场地器材	空旷场地或操场
活动方法	在游戏时，大家围成圈慢跑，在跑的过程中，组织者会不时地喊出相应的相加或相减的数字（答案是 1~4），得出的数是哪个，学生就做哪个相应的动作，直至下个动作为止。学生每做错 1 次，罚做 10 个俯卧撑；做错次数超过 3 次的，罚跑一个 400 m 跑：朝圈外跑 跳：单脚跳（分左右脚） 蹲：蹲跳
活动规则	1 代表左脚跳，2 代表右脚跳，3 代表蹲跳，4 代表朝圈外跑
个人总结	

第五章　大学生球类运动

章节导读

球类运动是青少年喜爱的运动项目之一。青少年时期是发展协调的良好时期，球类运动正是通过大量的各种基本动作技术及配合等技能练习，促进学生协调反应的发展。由于球类运动具有趣味性，又因门类广泛，深受全世界人们的喜爱，篮球、足球、乒乓球等各类体育明星的受欢迎程度不亚于好莱坞的电影明星，每场 NBA（美国职业篮球联赛）和每四年一届的世界杯足球赛，对观看者来说，都是一场视觉盛宴。

学习目标

本章的学习目标见表 5-1。

表 5-1　学习目标

知识目标	能力目标	素质目标
1.了解篮球运动的基本技术	1.掌握篮球比赛规则	1.尊重对手，并能解决比赛中出现的问题
2.了解排球运动的基本技术	2.掌握排球竞赛规则	2.正确对待比赛结果，在运动中积极、主动地和同伴进行交流与合作
3.了解足球运动的基本技术	3.掌握乒乓球比赛规则	
4.了解羽毛球运动的基本技术	4.掌握羽毛球比赛规则	

第一节　大学生篮球运动

一、篮球运动简介

据记载，篮球是 1891 年由美国人詹姆斯·奈史密斯发明的。1892 年，篮球运动首先从美国传入墨西哥，并很快在墨西哥各地得到发展。这样，墨西哥成为除美国以外第一个开展篮球运动的国家。此后，这项运动传入法国、英国、中国、巴西、捷克斯洛伐克、澳大利亚、黎巴嫩等国家，在世界范围内得到了普及和发展。1896 年，篮球运动传入中国，首先在天津、北京等城市青年会中开展起来。1910 年，中国首次将篮球列为表演项目。1914 年，篮球被列为我国国内正式比赛项目。自 1951 年起，篮球一直是亚运会的正式比赛项目。

1932 年，国际业余篮球联合会成立，男子篮球被国际奥委会列为奥运会正式比赛项目。1946 年，美国出现职业篮球联赛，并发展为目前的 NBA。

女子篮球运动到 20 世纪初才开展起来。1976 年，女子篮球被列为奥运会正式比赛项目。

二、篮球基本技术

篮球技术是在篮球比赛中队员为了攻守目的，所运用的各种专门动作的总称，主要包括脚步移动、传接球、运球和投篮等。

（一）脚步移动

脚步移动是在篮球比赛中队员为了争取时间和空间上的主动优势，所采用的各种脚步动作的总称，是学习篮球技术和使用机动灵活战术的基础。脚步移动主要包括起动、跑、急停、滑步和转身等。

1. 基本站立姿势

基本站立姿势是脚步移动的准备姿势，便于各种技术动作的开始和运用。

动作要领：篮球队员两脚前后或左右开立，与肩同宽，两膝微屈，重心落于两脚间，上体稍前倾，两臂自然弯曲于体侧，两眼环视全场情况。

2. 起动

起动是篮球队员在球场上由静止状态变为运动状态的一种起始动作，一般用在攻、守中抢占有利位置。起动包括向侧起动和向前起动两种方式。

动作要领：以向左侧起动为例，从基本站立姿势开始，队员向左侧起动时重心左移，上体迅速左转，左脚不动，右脚前脚掌用力蹬地，并向左跨出，两臂自然摆动；向前起动与向左起动的动作相仿，只是方向不同。

3. 跑

跑是最基本的移动技术，包括侧身跑、变速跑、变向跑和后退跑等。其中，侧身跑和变速较为常用。

（1）侧身跑

侧身跑是篮球队员在跑动中为了抢位、摆脱防守、接侧向或侧后方的传球，而采用的一种跑动方法。

动作要领：在跑动过程中，队员两脚尖正对跑动方向，头和上体转向球的方向。

（2）变速跑

变速跑是篮球队员在跑动过程中改变跑的速度（加速或减速）的一种方法。

动作要领：在跑动过程中，队员加速时上体前倾，两脚掌连续交替向后蹬地，同时迅速摆臂；减速时上体直起，加大步幅，用前脚掌抵地，缓冲减速。

4. 急停

急停是篮球队员在快速跑动过程中突然制动并呈静止状态的一种方法，常用的有跨步急停和跳步急停两种方法。

（1）跨步急停

动作要领：停步时，队员一只脚向前跨出一大步，从脚跟着地过渡到全脚掌抵地，同时迅速屈膝，上体后仰；另一只脚紧随着地时脚尖内旋，身体顺势侧转，前脚掌内侧蹬地；两臂屈肘张开，保持身体平衡。

（2）跳步急停

动作要领：停步时，队员双脚起跳，上体稍后仰，两臂自然摆动，两脚同时平行落地，屈膝降重心，两臂屈肘张开，保持身体平衡。

5.滑步

滑步是篮球队员防守移动时的常用步伐，常见的有侧滑步、前滑步和后滑步三种步伐。

动作要领：在开始滑步前，队员两脚左右开立，膝微屈，两臂侧张开；向左滑步时，队员身体重心左移，左脚向左跨出一步，在落地的同时，右脚迅速滑行跟进，完成一步侧滑，然后重复以上动作（如图5-1所示）。

向右、向前、向后滑步时，动作相似，只是方向不同。

图 5-1　向左侧滑步

6.转身

转身是队员以一脚做轴（中枢脚），另一只脚蹬地向前或向后跨出，身体顺势转动，以改变身体方向的一种方法。转身包括前转身和后转身两种方式。

（1）前转身

动作要领：转身时（以右脚为中枢脚），队员左脚前脚掌向外蹬地，身体重心右移，左脚经体前向右跨一步，同时中枢脚以前脚掌为轴（脚跟提起）用力碾地旋转，身体顺势右转。

（2）后转身

动作要领：后转身和前转身的动作相仿，不同的是后转身时队员移动脚向自己身后跨步，使身体改变方向。

（二）传接球

传接球是篮球比赛中队员之间有目的地转移球，以更好地配合全队进攻的有效手段。因此，传接球是组织全队进攻配合的纽带，也是提高进攻质量的重要环节。

1.传球

传球包括双手胸前传球、双手头上传球、单手肩上传球、单手胸前传球和勾手传球等。下面，对最常用的双手胸前传球和单手肩上传球进行简要介绍。

（1）双手胸前传球

双手胸前传球是一种最基本、最常用的传球方法，适用于不同方向、不同距离的传球，其特点是准确性高，便于控制球。

动作要领：队员双手持球时，两脚开立，两膝微屈，重心落于两脚间，双手十指自然分开，两拇指相对呈"八"字形，指根以上部位持球两侧，掌心空出，持球于胸腹之间；传球时，两臂迅速向传球方向前伸，当手臂将要伸直时，急促抖腕，同时两拇指用力下压，食指和中指用力拨球，将球传出（如图5-2所示）。

图 5-2 双手胸前传球

（2）单手肩上传球

单手肩上传球常用于中、远距离传球，其特点是传球力量大，利于抢到后场篮板后长传快攻。

动作要领：（以右手传球为例）队员左脚向传球方向迈出半步，同时右臂引球至右肩上方，左手离球，左肩对着传球方向，重心落于右脚上；右脚内侧蹬地转身，同时迅速向前挥臂，手腕前屈，通过食指和中指拨球，将球传出（如图5-3所示）。

图 5-3　右手肩上传球

2.接球

接球是篮球队员获得球的动作，是抢篮板球和断球的基础，包括双手接球和单手接球两种。

（1）双手接球

双手接球包括双手接胸部高度的球、双手接头部高度的球、双手接低于腰部的球和双手接地滚球等方法。下面，简要介绍双手胸前接球的动作要领。

动作要领：队员两眼注视来球方向，两臂向来球方向伸出，十指自然分开；当双手触及球时，手臂顺势引球，将球持于胸腹之间（如图5-4所示）。

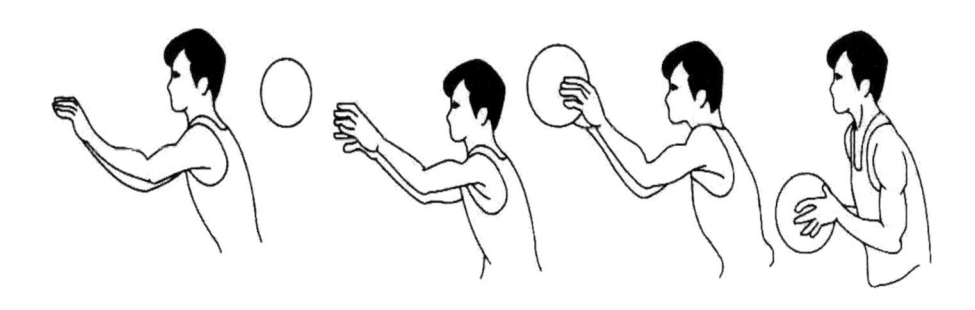

图 5-4　双手胸前接球

（2）单手接球

动作要领：（以右手接球为例）队员两眼注视来球方向，右臂微屈，伸向来球方向，手掌呈勺形，五指自然分开；当手指触及球时，右臂顺势引球，左手立即帮助右手，双手持球于胸腹间（如图 5-5 所示）。

图 5-5　单手接球

（三）运球

运球包括高运球、低运球、体前变向换手运球和胯下运球等。

1.高运球

高运球是将球的反弹高度控制在腰和胸之间的一种运球方法，一般用于无防守的快速运球。

动作要领：（以右手运球为例）队员运球时微屈膝，上体稍前倾，目平视，以肘关节为轴，前臂自然伸屈，用右手按拍球的后上方，把球的落点控制在身体右前方，球的反弹高度则在胸腹之间。

2.低运球

当持球队员接近防守队员或防守队员来抢球时，持球队员为保护球或摆脱防守，常采用低运球方法。

动作要领：运球时，队员抬头，目视前方，深屈膝，上体前倾，用上体、腿和另一只手臂保护球，同时用手短促地按拍球，把球的反弹高度控制在膝关节以下。

3.体前变向换手运球

当防守队员堵截运球队员的进攻路线或运球队员运球接近防守队员时，运球队员可运用体前变向换手运球来摆脱和突破对手，如图5-6所示。

动作要领：（以运球队员右手运球突破对手左侧为例）运球队员右手运球，当对手向右侧移动堵截时，运球队员应向右侧加速运球，吸引对手偏离正常防守位置；接着突然变向，用右手按拍球的右后上方，向左侧拍球，左、右脚先后迅速向左前方跨出，上体左转并前倾探肩，换左手按拍球的后上方，加速运球突破对手。

图5-6　体前变向换手运球

4.胯下运球

动作要领：（以右手胯下运球为例）运球跨步急停后，队员两脚前后开立，左脚在前，重心落于两脚间；右手按拍球的右上方，使球从两腿之间穿过，换左手运球，右脚向左前跨出，完成一次胯下运球。

（四）投篮

投篮包括原地投篮、行进间投篮、跳起投篮、补篮和扣篮等，下面对最常用的原地投篮和行进间投篮进行简要介绍。

1.原地投篮

原地投篮包括单手头上投篮、单手肩上投篮、双手头上投篮和双手胸前投篮。下面以原地单手肩上投篮为例，介绍原地投篮的动作要领。

原地单手肩上投篮的动作要领：（以右手投篮为例）队员从双手持球的基本站立姿势开始，左手扶球左侧，右手持球，右臂屈肘，置球于右肩上；投篮时，队员两脚掌蹬地，左手离球，右臂向前上方伸直时手腕前屈，用食指和中指拨球，将球投出（如图5-7所示）。

图 5-7 原地单手肩上投篮

2.行进间投篮

行进间投篮包括单手肩上投篮、单手低手投篮、双手低手投篮、反手投篮和勾手投篮等。下面以行进间单手低手投篮为例，介绍行进间投篮的动作要领。

行进间单手低手投篮的动作要领：（以右手投篮为例）运球队员结束运球变为双手持球的同时，右脚跨出第一步；当左脚跨出第二步落地时，前脚掌用力蹬地向前上方起跳，右腿屈膝自然上提，右手将球引至右肩侧上方；在腾空到最高点时左手离球，右手托球，右臂向前上方伸展；在接近球篮时，手腕、手指上挑，将球投出（如图5-8所示，由右至左）。

图 5-8　行进间单手低手投篮

三、篮球基本战术

（一）进攻基础配合

进攻基础配合包括传切、突分、掩护和策应四种配合方法。

1.传切配合

传切配合是进攻队员之间利用传球、切入等技术组成的简单配合，包括一传一切配合和空切配合两种。

传切配合要求切入队员依据情况掌握切入时机，果断、快速摆脱对手，并随时注意接同伴的传球。当切入队员已摆脱对手并处于有利位置时，传球队员应及时、准确地把球传给他。

2.突分配合

突分配合是持球队员突破后，利用传球与同伴配合的方法。

突破要突然、快速，在突破过程中做好投篮准备的同时，要随时注意观察场上攻守队员的位置和行动，以便及时、准确地将球传给位置更有利的队友。

3.掩护配合

掩护配合是队员利用身体合理挡住队友的对手的移动路线，或是主动利用队友挡住自己对手的移动路线，从而摆脱防守队员，获得进攻机会的一种战术配合方法。

掩护配合可以是无球队员给有球队员掩护，也可以是有球队员给无球队员掩护，还可以是无球队员给无球队员掩护。

根据掩护位置和方向的不同，可以将掩护分为前掩护、侧掩护和反掩护三种。

4.策应配合

策应配合是内线队员背对或侧对球篮接球，并作为进攻的枢纽，与同伴的切入、急停跳投等技术相结合，以摆脱防守传给外线同伴投篮的一种配合形式。

（二）防守战术

1."关门"配合

"关门"配合是防守战术基础配合方法之一。"关门"是临近的两个防守队员协同防守突破队员的配合方法（如图 5-9 所示）。

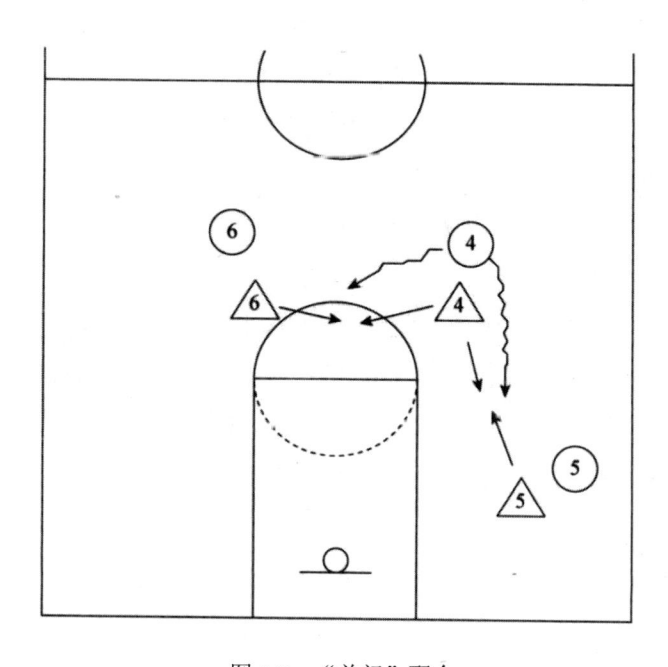

图 5-9　"关门"配合

2."挤过"配合

"挤过"配合是防守战术基础配合的一种方法，如图 5-10 所示。

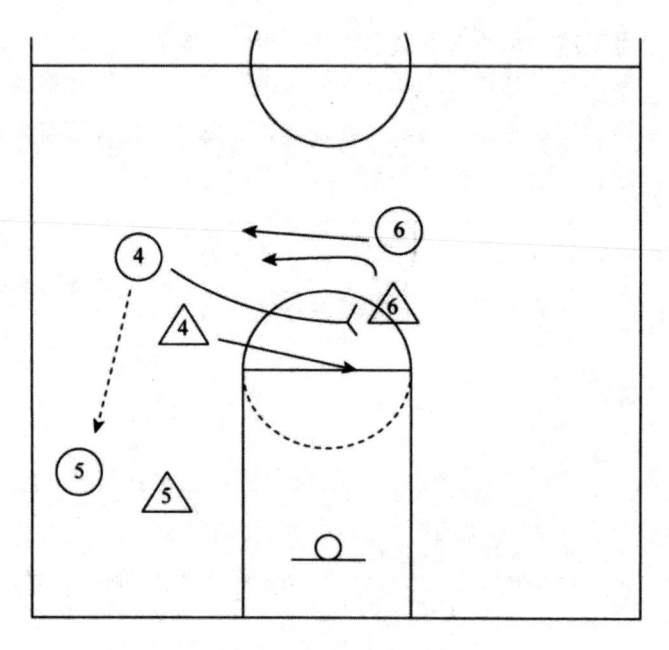

图 5-10 "挤过"配合

3. 半场"人盯人"防守

半场"人盯人"防守是指全队退至后场盯住自己的对手，常见的有半场缩小"人盯人"防守和半场扩大"人盯人"防守。

半场"人盯人"防守应遵循"以人为主，人球兼顾"和"有球则紧，无球则松"的原则。合理运用防守基本配合，进行强有力的抢、堵、封、断，可以控制和破坏对手的进攻配合行动。当对方外围中投不太准而篮下攻击力量较强时，采用半场缩小"人盯人"防守；当对方外围攻击力强（中、远距离投篮较准）而内线攻击力较弱时，则采用半场扩大"人盯人"防守。

4.半场区域联防

（1）"二一二"阵型

采取"二一二"阵型，队员在防区内的分布比较均衡，外线可防投篮、防突破，内线可防中锋进攻，有利于队形的及时调整。

(2)"三二"阵型

如果对方远距离投篮较准,为了控制外围进攻,防范对方中、远距离投篮,可采取"三二"阵型。

(3)"二三"阵型

如果对方在底线两角投篮较准,且突破又具威胁时,为了加强底线防区,可采取"二三"阵型。

四、篮球比赛规则简介

篮球比赛规则与篮球技战术就像生产力与生产关系一样,是相辅相成、相互依赖、相互促进的关系。比赛规则通过肯定、否定、允许或不允许,来保证篮球比赛的正常进行,促进篮球运动的健康发展。在球场上,符合比赛规则的动作,就是正确的动作,反之则是错误的动作。

在一般情况下,国际篮球联合会每隔几年就要对比赛规则进行一次修改与补充,其目的是促进篮球技战术的进一步发展,并限制粗暴动作,使比赛向既文明,又紧张、激烈的方向发展,以下是基本规则介绍:

(一)比赛方法

一队上场队员 5 人,其中 1 人为场上队长,候补球员最多 7 人,但可依主办单位要求而增加人数。比赛分 4 节,每节各 10 min,NBA 为每节 12 min(全明星新秀赛为每节 20 min,共 2 节)。两节之间休息 2 min,NBA 两节之间休息 130 s。中场休息 15 min,NBA 中场休息时间也为 15 min,在 NBA 中的第 4 节前和任何加时赛之间休息 100 s。比赛结束两队积分相同时,则举行延长赛 5 min,若 5 min 后比分仍相同,则再次进行 5 min 延长赛,直至比出胜负为止。

(二)得分种类

球投进篮圈经裁判认可后,便算得分,在 3 分线内侧投入可得 2 分,在 3 分线外侧投入可得 3 分,罚球投进得 1 分。

（三）开始方式

比赛开始后，由两队各推出 1 名跳球球员至中央跳球区，由主裁判员抛球，双方跳球。在跳球中，当球离开主裁判员的手时，第一节比赛开始。

（四）替换

替补队员请求中断比赛并上场，是一次替换。替换选手的时间一般选在有人犯规、争球或叫暂停等时间。裁判可暂时中止球赛的计时。

（五）罚球

一次罚球是给予 1 名队员从罚球线后的半圆内的位置上，在无争抢情况下得 1 分的机会。它是对犯规队伍的处罚，也是给予另一队的机会。罚球要站在罚球线后，从裁判手中接过球后 5 s 内要投篮。在投篮后球触到篮圈前，双方队员均不能踩、越罚球线。

（六）违例

违例是违反规则，大致可分为两个方面：

一是普通违例，如带球走、两次运球（双带）、脚踢球（脚球）或以拳击球。

二是跳球违例，是指除了跳球球员以外的人，均不可在跳球者触到球之前进入中央跳球区，否则即为违例。

24 s 规则：进攻球队在场上控球时必须在 24 s 内投篮出手并触及球篮。

8 s 规则：一名球员从后场控制活球开始，在掷球入界中，球触及后场的任何球员或者被后场的任何队员合法触及，掷球入界队员所在队仍拥有后场的球权，该队必须在 8 s 内使球进入前场（对方的后场）。

5 s 规则：当一名球员持球后，必须在 5 s 内掷界外球出手。

3 s 规则：当某队在前场控制活球且比赛计时钟正在运行时，该队的队员不得停留在对方队的限制区内超过 3 s。

侵人犯规：是指无论是在活球，还是在死球的情况下，攻守双方队员发生身体接触而产生的犯规行为。

技术犯规：是指没有身体接触的犯规，如队员或教练员因表现恶劣而被判犯规，例如与裁判发生争执等。

取消比赛资格的犯规：是指队员、替补队员、出局的队员、教练员、助理教练员或随队人员的任何恶劣的违反体育道德的行为。

队员 5 次犯规：无论是侵人犯规，还是技术犯规，一名球员犯规达 5 次（NBA 规定为 6 次）就必须立即离开球场，不得再进行比赛，并且必须在 30 s 内被替换。

队员出界：当队员身体的任何部分接触界线上方或界线外除队员以外的地面或任何物体时，即是队员出界。

干扰球：投篮的球向篮下落时，双方队员都不得触球。当球在球篮里的时候，防守队员不得触球。球碰板后对方不得碰球，直到球下落。

被严密防守的队员：被防守队员紧紧盯防的球员必须在 5 s 内传球、运球或投篮，否则，其队将失去控球权（NBA 规则中无此规定）。

第二节　大学生排球运动

一、排球运动简介

排球是两队各 6 人，各分两排站位，以中间球网为界，用手作发球、垫球、传球、扣球和拦网等动作，进行进攻与防守的球类运动之一。

现行的排球运动始于 19 世纪末。1895 年，美国麻省霍利约克城青年会干事威廉·摩根认为篮球运动过于激烈，打算创造一种比较缓和、男女老少皆宜的室内球类游戏，于是在室内挂起 2 m 高的球网，用一个篮球胆进行比赛，比赛双方人数相等，各据一方，将球胆在网上托过来、顶过去，这便是排球运动的雏形。当时，比赛人数的多少、球的大小、比分的多少都是随意定的。1896 年，斯普林菲尔德州立学院的艾·特哈尔斯戴特博士把它定名为"空中飞球"，后来把球胆改成现在的排球，排球比赛成为一项正式的球类比赛。其后数十年，几经变化，形成了现代国际通用的排球比赛规则。

1900 年排球传入加拿大，1905 年排球传入古巴，1912 年排球传入乌拉圭，1914 年排球传入墨西哥。美国虽然是排球的发源地，但长期以来排球都没有被当作一种竞赛项目开展，而主要是作为休闲时的娱乐活动，有很长一段时间其运动技术水平提高得不快。

排球传入亚洲的时间较早，在1900年前后传入印度、中国、日本和菲律宾，但排球传入亚洲时，最初是16人制，经历了16人制、12人制、9人制及6人制的演变过程。

第一次世界大战时，美国军队将排球运动带到了欧洲。1917年，排球出现在法国，以后传到苏联、捷克斯洛伐克、波兰等。虽然排球传入欧洲的时间较晚，但传入的是6人制排球，且其竞技性日渐成熟，发展速度较快。

排球运动能够在世界范围内广泛传播和发展，得益于三个方面的发展：

一是国际排球组织的成立和大力推广。1947年成立了国际排球联合会，1949年举行了第一届世界男子排球锦标赛，1952年举行了第一届世界女子排球锦标赛，在1964年东京奥运会上，排球正式成为比赛项目，1965年、1973年又分别举行了男、女排球世界杯的比赛。这一系列的赛事运作，极大地推动了排球运动在世界范围的发展。

二是世界范围内精彩赛事的举办，促进了排球技战术的发展和变化。

三是世界排球运动的职业化和商业化的成功运作。

排球运动的世界大赛有世界锦标赛、世界青年锦标赛、世界杯赛和奥运会排球赛等。

二、排球基本技术

排球技术是在比赛规则允许的条件下，队员运用的各种合理击球动作和配合动作的总称，主要包括准备姿势与移动、传球、垫球、扣球、发球和拦网等。

（一）准备姿势与移动

准备姿势与移动是排球运动中运用最多的两项基本技术，它是完成传球、垫球、扣球、发球和拦球各项技术的前提和基础，并且对各项技术动作的运用起着连接作用。

1.准备姿势

按照重心的高低，准备姿势可分为稍蹲、半蹲和低蹲三种，下面介绍最常用的半蹲准备姿势的动作要领。

半蹲准备姿势动作要领：队员两脚左右或前后开立（根据场上情况，可以左脚在前或右脚在前），稍比肩宽，脚跟提起，膝微屈，脚尖和膝稍内扣；上体前倾，重心前移，肩超膝，膝超脚尖；两臂自然弯曲，置于腹前，目视来球。

2.移动

移动的基本步伐包括并步与滑步和交叉步等。

并步与滑步的动作要领：（以向前移动为例）从两脚前后开立的准备姿势开始，队员后脚用力蹬地，前脚向来球方向跨出一步，后脚迅速跟上成准备姿势。连续并步移动称为滑步。

交叉步的动作要领：从准备姿势开始，队员向右移动时上体稍向右转，左脚从右脚前面向右交叉跨一步，然后右脚再向右跨一大步，同时身体转向来球方向呈准备姿势。

（二）发球

下面对正面上手发球和侧面下手发球进行简要介绍。

1.正面上手发球

正面上手发球的特点是力量大、速度快、弧度平、旋转强和落点易于控制。

（1）准备姿势

队员面对球网站立，两脚前后自然开立，左脚在前，两膝微屈，上体前倾，左手持球于胸前。

（2）抛球

队员左手将球垂直平稳地抛向右肩的前上方，高度为距头顶三个球高。同时，右臂抬肘约与肩平，前臂后引，手掌置于头后上方，上体略向后移，挺胸、展腹、身体重心后移至右脚。

（3）击球

队员身体重心前移，收腹，同时带动右臂迅速向肩前上方挥动，在最高点伸直手臂，用力掌击球的后中部；在触球的刹那，手腕适当地向前推压（如图 5-11 所示）。

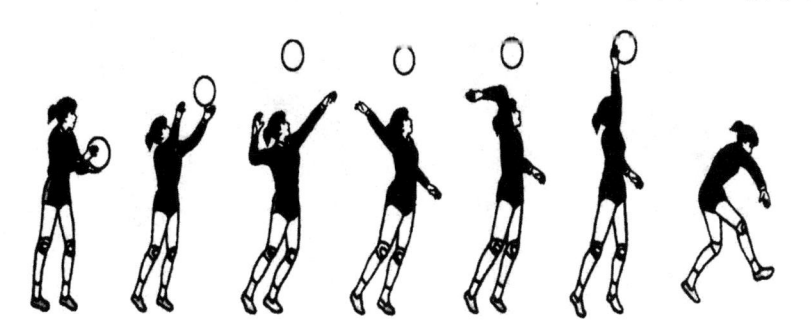

图 5-11 正面上手发球

2.侧面下手发球

侧面下手发球的特点是发球动作较简单，容易掌握，稳定性较大，但攻击性较小。

（1）准备姿势

队员右肩正对网，两脚左右开立，与肩同宽，上体稍前倾，重心落于两脚间或稍偏右脚，左手置球于腹前。

（2）抛球

队员左手将球抛至胸前距身体约一臂远，同时右臂摆至身体右侧后下方，上体稍向右转。

（3）击球

队员右脚内侧蹬地，身体左转，带动右臂向前摆动，在腹前用全掌击球下部，将球击出。击球时，队员手臂要伸直，眼睛要看着球。

（三）传球

传球是排球运动中的一项最基本的技术，是进行比赛和组织战术的基础。传球的种类多种多样，下面对正面双手传球（简称正传）和背传进行简要介绍。

1.正传

（1）动作要领

队员在接球前采用稍蹲姿势，身体站稳，上体挺直，双手自然抬起，置于脸前；当球至距额前上方一个球左右的位置时，开始双脚蹬地、伸膝、伸双臂，张开双手，从脸前向前上方击球，将球传出（如图5-12所示）。

图5-12　正传

（2）传球手形

当手触球时，队员两手自然张开，呈半球状，手腕稍后仰，以拇指、食指和中指托住球的后下部，两拇指相对，接近"一"字形，两手间要有一定距离（不超过球的直径）。

（3）传球的用力

传球时，队员主要是利用蹬地、伸膝、向上展体和伸臂的力量，配合手指和手腕的弹力，将球传出。

2.背传

动作要领：队员接球时，上体挺直或稍后仰，两膝半屈，重心落于两脚间，双手自然抬起，置于脸前，目视来球方向；迎球时，微仰头挺胸，下肢蹬地，同时上体向上方伸展；触球时，手腕后翻，掌心向上击球底部（手形与正传的手形相同），同时下肢蹬地、展腹、抬臂、伸肘，通过手指和手腕的弹力把球向后上方传（如图5-13所示）。

图5-13 背传

（四）垫球

垫球主要包括正面双手垫球、体侧垫球、跨步垫球和挡球等，下面对最常用的正面双手垫球和跨步垫球进行简要介绍。

1.正面双手垫球

正面双手垫球是在腹前用双手垫击来球的一种垫球方法，是各项垫球技术的基础。

（1）动作要领

在垫球前，队员要判断球的落点，然后迅速移动到落点，身体正对来球方向，呈准备姿势站好；当球接近腹前，两臂夹紧前伸，含胸收肩，收腕抬臂，将球准确地垫在小臂上（如图 5-14 所示）。

图 5-14　正面双手垫球

（2）手形

两手手指上下相叠，掌根紧靠，两拇指平行相靠，紧压在上层手指的中指第二节上，两臂伸直相夹（如图 5-15 所示）。

图 5-15　垫球手形

（3）击球点与垫球部位

击球点应保持在腹前约一臂处，垫球部位为前臂腕关节以上 10 cm 左右桡骨内侧平面（如图 5-16 所示）。

图 5-16　垫球部位

2.跨步垫球

跨步垫球是指当球距身体一步左右、速度很快或位置较低、队员来不及移动正对时，迅速向前或向侧跨出一步，垫击来球的动作。

动作要领：垫球前，队员首先要判断来球的落点，然后迅速向来球方向跨出一步，屈膝制动，重心移至跨出的脚上，两臂夹紧、伸直，插入球下，用两前臂击球的后下部，将球平稳地向目标方向垫出。

（五）扣球

扣球主要包括正面扣球、自我掩护扣球和勾手扣球等，下面对最常用的正面扣球进行简要介绍。正面扣球（以两步助跑右手扣球为例）如图 5-17 所示，其动作要点如下：

图 5-17　正面扣球

1. 准备姿势

采用稍蹲姿势，队员两臂自然下垂，观察来球，做好向各个方向助跑起跳的准备。

2. 助跑

助跑时，队员左脚先向前迈一小步（便于寻找和对正方向），接着右脚再迅速跨出一大步，同时两臂绕体侧向后引，左脚及时跟上右脚，踏在右脚之前，两脚尖稍向右转，屈膝制动，同时两臂自后积极向前摆动。

3. 起跳

助跑制动之后，队员两臂用力向上摆，同时两脚猛力蹬地向上起跳。

4. 空中击球

队员起跳后，挺胸展腹，上体稍向右转，右臂向后上方抬起，身体呈反弓形；挥臂时，身体左转，收腹，带动肩、肘、腕各部分关节向前上方挥动（类似甩鞭动作）；击球时，五指微张呈勺形，以掌心击球的后中部，同时屈腕、屈指向前推压，将球扣出。

5. 落地

落地时，队员前脚掌先着地，然后过渡到全脚掌着地，顺势屈膝收腹，以缓冲下落的力量。

（六）拦网

拦网包括单人拦网和集体拦网，两者的动作要领相同，只不过后者更注重队员间的协调与配合，下面对单人拦网进行简要介绍。单人拦网的动作要点（如图 5-18 所示）如下：

图 5-18　单人拦网

1. 准备姿势

队员面对球网，两脚左右开立，与肩同宽，两膝微屈，两臂在胸前屈肘，距网 30～40 cm。

2. 移动

为了及时应对对方的进攻，拦网队员需要及时移动，常用的移动步伐有并步与滑步和交叉步等。

3. 起跳

队员原地起跳时，两膝弯曲（弯曲程度因人而异，以发挥最高弹跳力为原则），重心降低，双脚用力蹬地，同时两臂在体侧画小弧度用力上摆，带动身体垂直起跳。

4. 空中击球

队员在起跳过程中，两手经额前并平行球网向网上沿的前上方伸出，两臂平行伸直，前臂靠近网，两肩尽量上提；拦网时，两臂尽力过网伸向对方上空，两手自然张开，屈指、屈腕呈勺形，以便包住球；手触球时，两手手腕突然下压，盖住球的前上方。

5. 落地

队员落地时，面对对方，屈膝缓冲，同时屈肘，向下收臂。

三、排球基本战术

排球战术是运动员在比赛中根据排球规则、排球运动规律、两队的具体情况，以及临场变化，合理地运用技术，采取有目的、有组织的、有预见的配合行动。

排球战术有各种分类方法，战术分类的原则是基于排球的战术，无论是进攻，还是防守，都包含着个人战术和集体战术两大部分（我们首先将战术划分为这两大类）。个人战术即有目的地运用技术的过程，分为发球、一传、二传、扣球、拦网和后排防守六项个人战术。在集体战术中，按比赛中出现的各种不同情况的来球，组织相应的进攻战术系统。

（一）集体战术

集体战术是指两个或两个以上队员之间有组织、有目的的集体协同配合。任何集体进攻战术的变化，都是建立在进攻阵形和进攻打法基础之上的。

1.进攻战术

（1）进攻阵形

进攻阵形，就是进攻时所采用的基本阵形。合理地选择进攻阵形，是各种进攻变化的基础。

①中二传进攻阵形及其变化。中二传是指由一名前排或后排队员在前排中间位置做二传，其他队员参与进攻的阵形。中二传进攻阵形是最基本的进攻阵形，其特点是二传队员在中间，一传容易到位，战术可简可繁，适合不同战术水平的球队。其站位及其变化如下：

a. 五边形站位。

b. 大三角站位。

这是最基本的站位方法，其变化主要以 2、4 号位进攻为主，辅以后排进攻等。

a. 换位成中二传进攻阵形。

b. 插上成中二传进攻阵形。

②边二传进攻阵形及其变化。边二传是指由一名前排或后排队员在前排 2 号位做二传，其他队员参与进攻的阵形。边二传进攻阵形也是基本的进攻阵形，其特点是二传队员在边上，对一传的要求较高。这种阵形的战术变化比中二传进攻阵形更多，战术可简可繁，同样适合不同水平的球队。

a. 边二传阵形：2 号位队员站在网前担任二传，3、4 号位前排进攻，其他队员参与后排进攻。

b. 反边二传阵形：4 号位队员站在网前做二传，其他队员参与进攻。如果 3 号位队员是用左手扣球的，采用这种阵形比较有利。

c. 换位成边二传阵形：通常采用反边二传换位成边二传。

插上成边二传阵形，后排队员都可以插上做二传。如 1 号位队员从 2 号位队员右侧插上成边二传阵形，其他队员分别进行前排或后排进攻。

（2）进攻打法

进攻打法是指二传队员与扣球队员之间组成的各种配合。

①强攻。在无掩护或掩护较少的情况下，主要依靠个人力量、高度和技巧等强行突破对方的拦网。

a. 集中进攻：在 2、4 号位组织比较集中的高球进攻，或在 3 号位扣一般高球。这种打法易掌握，也易被拦，适用于初学者或水平较低的队。

b. 围绕进攻：围绕跑动换位是为了发挥自己的扣球特长，避开对方拦网的有效区域。进攻队员从二传队员前面绕到后面或从后面绕到前面去扣球，称为围绕进攻。

②调整进攻。当一传或防起的球不到位，球的落点离限制线较远时，由二传队员或其他队员把球调整到网前有利于扣球的位置，进行强攻的打法称为调整进攻。调整进攻在反击中运用较多，并占有比较重要的地位。

③两次攻。当一传接起的球直接垫到了限制线附近，而且比较平稳，适合进攻队员扣球，可以不经过二传，直接进行进攻。

2.防守战术

（1）接发球阵形

一般采用"一二二"阵式，主二传突出靠网前，以左右两点（人）进攻为主，后排两点（人）进攻为辅。该阵式进攻位置清楚，二传给球有规律、易掌握，为大多数球队所采用。

（2）后排防守

后排防守为与对方扣球队员相对应位置队员拦网的防守阵形，或固定3号位队员拦网的防守阵形。

（3）双人拦网时防守阵形及其变化

①活跟：在对方扣球路线变化多，并且打吊结合的情况下，应采取活跟。

②后排跟进：根据实际情况，后排1、5号位跟进。

（二）个人战术

个人战术是队员根据比赛的情况，有目的、有针对性地运用个人技术的战术。

1.发球个人战术

攻击性发球：队员尽量发出速度快、力量大、旋转强、弧度平的攻击性球，以及发出轻、重、平冲、下沉等飘度大的飘球。

控制落点的发球：队员找对方防守薄弱区域发球，将球发到对方前区、后区、两个队员之间的连接区、三角地区、一传差的队员。

变化性的发球：队员突然加快发球的节奏，使对方措手不及，或突然放慢发球节奏，如发高吊球，利用球体下落的速度变化，使对方不适应，还可以时而发长线球，时而发短线球，以调动对方。

2. 二传个人战术

隐蔽传球：二传队员应尽可能地以相似动作传出不同方向的球，使对方难以判断传球的方向。

高复二传：二传队员在跳起的最高点直臂传球，以提高击球点，加快进攻速度。

选择突破点：队员根据对方拦网的部署，避开拦网强的区域，选择对方拦网薄弱处作为突破口，在局部地区造成以多打少、以强攻弱的优势。

3. 扣球个人战术

路线变化：队员在扣球时，运用转体、转腕动作扣直线、斜线或小斜线的球，避开对方的拦网。

轻重变化：队员在扣球时，实行重扣强行突破与打点有机结合。

超手和打手：队员要充分利用自身的弹跳力，采取超手扣球，从拦网队员手的上面突破，还可以利用平扣、侧旋扣球、推打等手法，造成拦网队员打手出界。

打吊结合：在对方严密的拦网下，队员先佯作大力扣杀，突然由扣变吊，将球吊入对方区域空当。

4. 一传个人战术

组织快攻战术：一传的弧度要平、速度稍快，以加快进攻的节奏。

组织两次球进攻战术：一传弧度要高，接近垂直下落，以利于两次进攻或转移。

组织交叉进攻战术：3、4号位交叉，一传落点要靠近球网中间；2、3号位交叉，一传点要落在2号位与3号位之间。

组织突袭战术：在比赛中，如发现对方场区有较大空当或当对方队员无准备时，一传可直接用垫、挡等动作将球击向目标区域，突袭对方。

5. 拦网个人战术

假动作：拦网队员可灵活地运用站直拦斜、站斜拦直、正拦侧堵等方式迷惑对方。

变换手型：拦网队员起跳后，根据进攻队员的动作，随机应变地改变拦网手型。

撤手：发现对方要打手出界或平扣球时，队员可在空中及时将手撤回，造成对方扣球出界。

（三）阵容配备

阵容配备就是合理地安排场上队员技术力量的组织形式。

1.阵容配备的主要形式

（1）"四二"配备

"四二"配备是指场上队员有 4 个进攻队员和 2 个二传队员。4 个进攻队员又分为两个主攻、两个副攻，他们都站在对角的位置上。其优点是无论怎样轮转，前后排都能保证有 1 个二传和 2 个进攻队员，便于组织和发挥攻击力量，给对方的拦网及防守造成困难。但这种配备对二传队员的进攻和拦网能力要求较高，否则就会影响"四二"配备的进攻效果。

（2）"五一"配备

"五一"配备是指场上队员有 5 个进攻队员和 1 个二传队员。这种阵容配备的优点是拦网和进攻力量得到加强，全队只要适应这个二传队员的打法，相互间就容易建立默契，有利于二传队员统一贯彻战术意图。但当二传队员在前排时，只有两点可攻，要充分利用两次球、吊球及后排扣球等战术变化突袭对方，以弥补"五一"配备的不足。

（3）"三三"配备

"三三"配备是指场上有 3 个进攻队员和 3 个二传队员。进攻队员与二传队员间隔站位，每一轮次的前排都能保持有 1~2 个进攻队员。这种方法适合初学排球的队采用，但其进攻能力则显得不足。

2.主攻、副攻、二传队员的职责和特点

主攻队员：在比赛中，主攻队员主要担任攻坚任务，要在困难的情况下突破对方的集体拦网。主攻队员主要进行中、远网，及后排调整扣球进攻。因此，在主攻队员击球的高度、力量、技巧、路线变化及准备性等方面，都有较高的要求。

副攻队员：副攻队员主要以快、变、活等进攻手段突破对方的拦网，并积极跑动掩护，给其他队员创造有利条件，还要承担中间和两侧的拦网任务。这样，对副攻队员在体能和技术上都提出了很高的要求。

二传队员：二传队员是战术进攻的核心，要根据临场情况随机应变，合理地组织各种进攻战术，积极领会、贯彻教练的意图。一个优秀的二传队员对团结全队、鼓舞士气、取得良好成绩起着重要的作用。

从排球运动发展的趋势来看，主副攻队员和前后排队员的界限已逐渐被打破，所有队员都应兼备强攻、快攻的技术和战术能力，这样才能适应进攻战术进一步发展的需要，但主副攻队员的职责和特点应有所侧重。

四、排球比赛规则简介

排球自 20 世纪 80 年代中期开始进入鼎盛期，技术发展到发球高点化、垫球多样化、传球速度化、扣球力量化、拦网滞空化的局面，战术发展到"点—线—面—立体"面面俱到的地步。排球竞赛规则的不断修改和完善，促使现代排球运动在错综复杂的技战术变化中发展迅速，增加变化，提高力量；促使队员向提高技术、战术、身体、心理和文化层次全面发展，让排球运动孕育着一场新的突破。

下面介绍排球比赛基本规则。

（一）排球比赛的场地

1.比赛场地

排球比赛场地分为比赛场区和无障碍区。比赛场区为长 18 m、宽 9 m 的长方形，其四周至少有 3 m 宽呈长方形对称的无障碍区，从地面量起至少有 7 m 高的无障碍空间。在国际比赛场区，边线外的场区至少 5 m 宽，端线后至少 9 m 长，上空的无障碍空间至少 12.5 m 高。

2.比赛场地的场区

比赛场区：由中间的中线将比赛场地分为长 9 m、宽 9 m 的两个相等的场区。

前场区：每个场区各划一条距离中线 3 m 的进攻线（其宽度包括在内），中线与进攻线之间为前场区。

换人区：两条进攻线的延长线之间，记录台一侧边线外的范围为换人区。

发球区：在两边的端线外、两条边线的延长线上，各划两条长 15 cm、垂直并距离端线 20 cm 的短线，两条短线之间为发球区。发球区的深度延至无障碍区的终端。

准备活动区：在两个无障碍区外的替补席远端，划 3 m×3 m 的区域为准备活动区。

3.比赛场地的要求

地面：必须平坦、水平、划一，世界性比赛场地的地面只能为木质或合成物。

界线：宽均为 5 cm，其宽度包括在各个场区内。

颜色：室内必须为浅色，界线颜色要与地面颜色不同。世界性比赛场地界线为白色，比赛场区和无障碍区分别为不同的颜色。

（二）技术性规定

1.发球

发球队员必须在第一裁判员鸣哨 5 s 内将球抛起或持球手撤离，在球落地前，用一只手或手臂的任何部分将球击出。如球未触及发球队员而落地，则被认为是第一次试发球。在第一次试发球后，第一裁判员应及时鸣哨允许再次发球，发球队员必须在再次鸣哨后的 3 s 内将球发出。发球队员在击球时或击球起跳时，不得踏及场区（包括端线）或发球区以外的地面。击球后，发球队员可以踏及或落在场区内和发球区以外的地面。在每次发球时，都允许有一次试发球。

2.队员的场上位置

在发球队员击球时，双方队员必须在本场区内各站两排，每排 3 名队员，发球队员不受场上位置的限制，队员的位置根据其脚的着地部位来判定。在发球队员击球的一刹那，场上队员脚的着地部位必须符合其位置要求。在发球后，队员可以在本场区和无障碍区的任何位置上。

3.网下穿越

在不妨碍对方比赛的情况下，允许队员在网下穿越进入对方空间。允许队员的一只脚或双脚在越过中线触及对方场区的同时，脚的一部分还接触中线或置于中线上空。除脚以外，不允许队员身体的其他部分接触对方的场区。在比赛中断后，队员可以进入对方场地。

4.触网

新规则规定触网为犯规，但队员在无试图击球的情况下，偶尔触网不算犯规。

5.进攻性击球

进攻性击球指发球和拦网外的其他所有向着对方区域的击球。前排队员可以对任何高度的球完成进攻性击球，但触球时必须在本场地空间。后排队员则允许在后场区对任何高度的球完成进攻性击球，但起跳时脚不得踏及或者越过进攻线，击球后可以落在前场区。

6.拦网

只有前排队员允许完成拦网，后排队员不得完成拦网。

7.比赛中的击球

队员身体的任何部位都允许触球，但球必须被击出，不得接住或抛出，球可以向任何方向反弹,队员若违背上述规定,则为持球。

第三节　大学生足球运动

一、足球运动简介

足球是以脚为主来支配球的一项球类运动。现代足球运动是世界上开展得最广泛、影响最大的运动项目,有人称它为"世界第一运动""运动之王"。

中国古代把用脚踢球称为"蹴鞠"。早在春秋战国时期,就有了蹴鞠游戏。西汉时修建有"鞠域",专供竞赛之用。唐代是蹴鞠活动的昌盛时期,出现了用灌气的球代替过去以毛发充填的球,称为"气毯",并用球门代替了鞠室。

而在西方,10世纪以后,法国、意大利、英国等才有了足球游戏,到15世纪末才有了"足球"之名,后逐渐发展成现代足球运动。1863年,英国人在伦敦成立了世界上第一个足球运动组织,即英国足球协会,并统一了足球规则。这次制定的足球规则共14条,它是现今足球规则的基础。

从1900年的第二届奥运会开始,足球被列为奥运会的正式比赛项目,但不允许职业运动员参加。1904年,国际足联在法国巴黎成立。从1930年起,每四年举办一次世界足球锦标赛(又称世界杯足球赛),比赛取消了对职业运动员的限制。从此,现代足球运动日益发展。

足球的世界性赛事有世界杯足球赛、奥运会足球赛、欧洲杯足球赛、美洲杯足球赛、非洲国家杯足球赛和亚洲杯足球赛。

二、足球基本技术

（一）踢球

踢球是指运动员有目的地用脚的相应部位将球踢向预定目标的技术动作，它主要用于传球和射门。踢球按击球时脚触球的部位，可分为脚内侧踢球、脚背正面踢球、脚背内侧踢球和脚背外侧踢球等。踢球时，可按球的状态分为踢定位球、踢地滚球、踢反弹球和踢空中球等，在此仅以踢定位球为例，介绍其动作要领。

1.脚内侧踢球

脚内侧踢球的特点是触球面积大，可控性强，出球平稳准确，出球力量较小，适用于短距离传球和射门。

动作要领：队员直线助跑，支撑脚踏在球侧约 15 cm 处，膝微屈，脚尖指向出球方向；踢球腿以髋关节为轴由后向前摆动，膝、踝外展，脚跟前送，脚尖稍翘，保持脚掌与地面平行；小腿加速前摆，脚形固定，用脚内侧部位击球的后中部，击球后踢球腿随球前摆（如图 5-19 所示）。

图 5-19　脚内侧踢球

2.脚背正面踢球

脚背正面踢球是用脚背正面的楔骨和趾骨末端部位触球的一种踢球方法，其特点是踢摆幅度大、摆速快，便于发力，但出球路线缺乏变化，适用于远距离传球和大力射门。

动作要领：队员直线助跑，在支撑脚落地的同时，踢球腿以髋关节为轴带动小腿前摆；在膝关节接近球体上方时，小腿加速前摆，脚背绷直，脚趾扣紧，以脚背正面击球的后中部，击球后，踢球腿顺势前摆（如图 5-20 所示）。

图 5-20　脚背正面踢球

（二）接球

接球又称停球，是指运动员有目的地运用身体的有效部位触球，将运行中的球接控在所需要范围内的技术动作，常用的接球方法有脚内侧接球和脚底接球。

1.脚内侧接球

脚内侧接球的特点是触球面积大，接球平稳，便于改变球的方向，适用于接地滚球和反弹球，其动作要领如下：

（1）接地滚球时

队员接地滚球时，身体正对来球，支撑腿微屈，接球腿屈膝、外转、前迎，脚内侧对准来球，并在触球的瞬间自然后撤，将球控制在所需要的位置上（如图 5-21 所示）。

图 5-21　脚内侧接地滚球

（2）接反弹球时

队员在接反弹球时，支撑脚踏在落球点的侧前方，膝微屈，上体稍前倾，并向停球方向微转；接球腿屈膝上提，膝、踝外转，脚内侧对准球的反弹路线，当球落下反弹刚离地时用脚内侧触压球的中上部（如图 5-22 所示）。

图 5-22　脚内侧接反弹球

2.脚底接球

脚底接球的特点是动作简单，控球稳定，适用于接地滚球和反弹球。

动作要领：队员身体正对来球，支撑腿膝盖微屈，脚踏在球的侧后方，停球腿自然屈膝上提，脚尖翘起，用前脚掌触压球的中上部（如图 5-23 所示）。

图 5-23　脚底接球

（三）头顶球

头顶球是指运动员有目的地用额部将球击向预定目标的技术动作。头顶球包括前额正面顶球和前额侧面顶球。

1.前额正面顶球

前额正面顶球的特点是触球部位平坦，发力顺畅，易于控制出球方向，出球平稳、有力。

动作要领：队员身体正对来球，两腿前后开立，膝微屈，上体后仰，重心置于后脚，两臂自然张开。在球运行到身体垂直面的瞬间，后腿用力蹬地，重心前移，迅速向前摆体，微收下颌，用前额正面击球的后中部（如图 5-24 所示）。

图 5-24　前额正面顶球

2.前额侧面顶球

前额侧面顶球特点是动作突然、能变换出球方向，但触球面积小，出球力量较小。其动作要领与前额正面顶球相似，头部触球位置如图 5-25 所示。

图 5-25　前额侧面顶球

（四）运球

运球是指运动员在跑动过程中用脚连续推拨球，使球处于自己控制范围之内的技术动作。常用的运球方法有脚内侧运球、脚背正面运球和脚背外侧运球等。

1.脚内侧运球

脚内侧运球特点是运球速度慢，易于控球，适用于掩护性运球。

动作要领：队员在运球时，支撑脚踏于球的侧前方，膝微屈，重心移至支撑脚，身体略转向运球方向，运球腿屈膝上提，脚尖外转，在向前迈步的过程中，用脚内侧推球前进，如图 5-26 所示。

图 5-26　脚内侧运球

2.脚背正面运球

脚背正面运球的特点是直线推拨，速度快，但运球路线较为单一，在快速运球前进或前方纵深距离较大时，可使用脚背正面运球。

动作要领：队员在运球时，身体自然放松，两臂自然摆动，上体稍前倾，步幅不宜过大；在运球脚提起时，膝微屈，脚跟提起，脚尖下指，在向前迈步的过程中，用脚背正面推球前进（如图 5-27 所示）。

图 5-27　脚背正面运球

3.脚背外侧运球

脚背外侧运球的特点是具有较强的灵活性和可变性，易于控制运球方向和提高运球速度，在快速奔跑和需要向外改变运球方向时，可使用脚背外侧运球。

动作要领：其动作要领与脚背正面运球相似，只是在摆脚时脚尖稍向内转，用脚背外侧推球前进。

（五）抢截球

抢截球是指在比赛规则允许的范围内，运动员有目的地运用身体的某一部位，将对方控制下或传递中的球夺过来、踢出去或破坏掉的技术动作。

抢截球动作主要包括三个环节：一是选位；二是抓住时机，果断实施动作；三是在实施抢截动作后，迅速使身体恢复到下一个动作所需要的状态和位置。

常用的抢截球方法有正面抢球和侧面抢球等。

三、足球基本战术

足球战术是在比赛中为了战胜对手，根据主客观实际所采取的个人与集体配合的手段的综合表现。比赛实践证明，熟练而巧妙地运用战术，是全队夺取胜利的重要因素。

足球比赛是由攻和守这对矛盾组成的，攻和守的不断变换组成了比赛的全过程。因此，足球战术可分为进攻战术和防守战术两大系统，其中，又分别包含着个人战术和集体战术两类。

比赛的实践已证明，成功地组织战术和巧妙地运用战术是夺取比赛胜利的重要因素，只有扬长避短，才能克敌制胜。

（一）攻守战术原则

足球比赛是在规定的范围和时间内，进行对抗争胜的球类比赛项目，为达到比赛取胜的目的，运动员在比赛中应当在变化万千的攻守战术行动中遵循一定的准则，从而达到提高行动效率、减少行动失误、扩大取胜概率的良好效果。这些在比赛中应当始终遵循的准则，就是比赛的攻守原则。

1.进攻原则

当一个队在比赛中从对方脚下获得对球的控制权的刹那，进攻战术便开始展开。为了求得战术的运用效果，一个队必须掌握并善于运用进攻的四大原则。

（1）宽度原则

宽度原则是指进攻者应尽可能地利用场地的宽度，使防守者被迫扩大横向防守面积，从而创造便于利用的进攻空间。该原则主要应用于降低进攻推进速度，稳步组织进攻的战术形势下。当处于这一形势时，任何场区都可以应用这一原则。在运用该原则时，进攻者必须准确地掌握好横传和横向长传基本技术，以便为继而实施的渗透性进攻提供可靠的技术保证。

（2）渗透原则

渗透原则是指进攻方采用横传拉开防守后，通过正脚背或其他脚法，以尽可能快的方式传球渗透并向前推进。其目的是直接创造射门机会，或为射门创造有利条件。该原则不仅要求队员具备准确、快速用各种脚法回传球渗透的能力，而且要求队员具有良好的移动速度。当慢速进攻时，突然性的加速将是渗透对方防守的重要条件。渗透对方越早、越快，成功的概率越高。因此，在中场稳妥地组织进攻时，每位队员应伺机、迅速采用渗透性传球，以创造射门机会。

（3）灵活原则

灵活原则是指在队员进攻中被对方盯防时所采取的机智协调有球和无球的行动。该原则表现在：当有球活动时，队员主要是向一侧运球为同伴创造另一侧跑位切入的空当，以及向前方运球在身后创造空当；当无球活动时，则主要体现为队员有意识的穿插跑位，为无球和持球同伴拉开空当，以及利用有球队员战术移动所拉开的空当切入，创造传球点。在执行灵活原则时，对球员身体素质方面的特殊要求是较快的起动速度，因为摆脱盯人及切入空当需要快速起动，后卫插上和中场策应仍需要爆发性速度。进攻队员必须具备上述技战术及身体素质方面的能力，并能正确、合理地执行灵活原则，方能瓦解对方的密集防守布局，打乱对方的防守阵脚，求得前场进攻战术运用的成功。

（4）即兴发挥原则

即兴发挥原则是指在进攻中合理、随意创造射门机会和抢时机射门，其最终目的在于射门得分。就该原则的战术思想而言，每个队员都应尽可能多地创造射门机会，并伺机射门。总之，最终能够射门就是合理的。在争抢激烈的争夺中，战术的有效性更依赖于队员对环境的深刻理解和即兴创造力。因此，直觉、应变思维、临场经验、本能反应等战术素养和个人天赋，就成为参赛队员的必备条件。

2.防守原则

在足球比赛中，防守战术是从丢球后即刻开始的。防守战术在比赛中的具体运用，往往表现出一定的被动性，即受进攻战术的牵制。但就其目的而言，防守战术是扼制对方进攻并设法夺回对球的控制权的重要手段，因而其主动性仍然是极其明显的。防守战术的主动性通常体现在战术原则主动运用方面的积极抢断。为了掌握好防守战术，防守队员必须掌握好以下几个原则：

（1）延缓原则

延缓就是努力阻碍对方的进攻速度，为本队组织严密的防守争取时间。延缓原则常用于进攻失球后的即刻，完成这一任务的队员一般是离球最近的锋线队员。

一般说来，锋线队员失球后的唯一战术职责，就是作为防守的第一道障碍线，阻止对方有组织的快速反击。当然，在条件许可的前提下，这一队员也可以见机行事，主动、积极地抢断球。作为初学者，必须清楚地了解延缓的目的。

原则与灵活常常是战术奏效的不可分割的因素，而对两者恰到好处的随机掌握，则来自队员对具体赛况的分析，以及整体战术意识和应变力。

（2）平衡原则

平衡是指防守队员在人数上至少与进攻队员保持等量。在同伴延缓对方进攻速度时，每一防守队员应根据自己的位置职能要求，迅速回撤到自己的防守位置上，并在整体布局上形成相互保护的合理站位。

一般说来，初学者在练习、实施这一原则时，总是希望防守队在防守人数上尽可能多于进攻队。在执行平衡原则时，延缓进攻速度的防守队员可以灵活地抢断球。对于防守的队员来说，这一有助于迅速恢复控制球权的机会切不可放过。当同伴在运用延缓原则时，其他防守队员决不可把延缓作为减慢回撤速度的理由，相反，每个队员都应尽可能快速地回位。

（3）集中原则

防守队员在回位后，把注意力专注于每个进攻者，面对进攻者，要因时制宜地采取积极性的反抢行动。在执行该原则时，要以近球者紧逼、远球者适当保持一定距离为基本思想。

集中防守的成败，从个人角度来讲，每个队员的抢截、铲球、破坏球技术，良好的起动断球速度、防守意识，以及临场经验等都会起到十分重要的作用；就整体配合而言，成败更取决于队员间的保护、补位、夹击，以及围抢的配合能力。

（4）控制原则

控制原则是针对后场区的防守而言的。其基本内容是：基于球门前面是防守区域的咽喉地带，为了确保球门安全，防守队员必须采用盯人方法，以控制对手在此区域的一切行动。

盯人可采用人盯人与保护的方式，也可运用区域盯人的方式，这主要取决于本队和对方队员的具体攻守特点。但无论采取哪种形式，牢牢控制对手的根本目的是不能忘记的。在完成这一战术任务的过程中，防守队员所运用的技术手段可包括限制进攻者靠近球、封堵控球者脚下球、堵截和追逼进攻者等。

总之，防守者必须竭尽全力地阻拦进攻队员任何可能的射门机会。在执行该原则时，每个防守队员的主要任务在于控制进攻者的一切行动，但每个防守队员也应始终在头脑中有随时准备反攻的意识，因为一旦抢下球，就意味着进攻的开始。如果防守者能在防守中保持进攻的动机，那么抢下球后必然会寻求快攻，而快攻则必然有助于进攻的成功。

（二）进攻战术

1.活动球进攻战术

活动球进攻战术按参与战术配合的人数划分，可分为个人、局部和整体进攻战术。

（1）个人进攻战术

①有球进攻战术

运球突破：运球突破多用于中前场，并伴随假动作，以更好地突破对手防线，以达到本人射门或与同伴配合射门的目的。但当同伴位置较本人更有利于进攻时，则应早传球,不要盲目运球,以免贻误战机。

传球:队员在场上可以传出各种不同的球,如长短、高低、直线与弧线球等,但无论是哪种传球,都必须力求做到传球目标明确、时机恰当、力量和落点合适。

射门:队员射门时,有角度大小、距离远近和有无对手干扰之分。因此,队员在射门时必须观察守门员的位置,做到时机恰当、行动果断、沉着冷静、力量适中等。

②无球进攻战术

摆脱:当对手紧逼无球队员时,无球队员应当积极摆脱掉对手,常用突然起动、变速变向和假动作等方法摆脱对手。

跑位:队员有意识、有目的的跑动,能为自己和同伴创造良好的进攻或射门机会。跑位时,必须做到敏锐观察、时机恰当、目的明确。

(2)局部进攻战术

在场地某一局部地区,二、三人之间的进攻配合,多采用两人的传切配合和二过一配合等形式。

①传切配合

传切配合常见的有三种形式,即斜传直切、直线斜切和斜传斜切。

无论是哪种传切配合,都要求快速突然起动。根据不同情况,有时先切入后传球,有时先传球后切入,一般来说,前者运用得多一些,因为球速通常快于人速。

②二过一配合

在局部地区,两个队员通过连续两次传球配合,越过一名防守队员,称为二过一配合,通常也称为"墙式"配合。二过一配合形式多种多样,主要有横传直插斜传二过一、横传斜插直传二过一、斜传直插斜传二过一、斜传斜插直传二过一、直传斜插斜传二过一、斜传斜插斜传二过一、斜回传直插斜传二过一、回身直传返身直插直传二过一,等等。一个成功的二过一配合,必须具备下面三个条件:

a. 持球队员的第一传,必须快速、准确,而且带有隐蔽性。

b. 第一传球者传完球后,必须毫不迟疑地突然插入前面的空当。

c. 第二传球者传出的球,必须使第一传球者得球没有任何困难。

(3)整体进攻战术

整体进攻战术是指将若干个局部进攻战术串成一体,为完成进攻战术任务所采取的全队配合方法。因此,它是建立在个人和局部进攻战术的基础上的,整体进攻战术配合表现在进攻的方向和进攻的速度上。

①进攻方向

边路进攻：是指在场地两个侧面发起的进攻，因边路空隙大，防守力量相对薄弱，易成功。在实际比赛中，每次边路进攻并非都是由后场发动的，可在中场发动，也可在前场发动。

中路进攻：中路进攻是利用球场中间区域组织的进攻，这种进攻虽能直接射门，但难度最大，因中路防守最为严密，门前的攻击手必须是反应极其敏捷、意识强、技术高、敢于冒险、速度快和善于跑位策应的队员。

转移进攻：当一个队从一侧展开攻势时，防守重心会迅速移向这一侧，这样就给进攻者增加了进攻难度，此时可改变进攻方向，将球传向另一侧。这也是一种声东击西、避实就虚的有效进攻手段。

转移的形式可由一侧边路长传转移至另一侧边路，也可由中路转向左路或右路，还可由左侧边路或右侧边路转向中路。

②进攻速度

快速反击进攻：当甲队全线进攻时，后卫线往往压至中场附近，防守人数也由于插上进攻和助攻而相对减少。乙队抢断球后，趁甲队后场空虚之时，通过简练、快速的几次传球配合攻击对方。快速反击进攻战术多是由守门员和中、后场队员抢断球后发动的，也有利用定位球发动的。

逐步推进进攻：当快速反击进攻条件不成熟时，采用有组织、有步骤、层层推进的进攻方式，在推进中寻找对方防守空隙，予以攻击。

阵地进攻：当对方在门前形成密集防守，给攻方进攻设置了层层障碍时，攻方则形成了阵地进攻。采用的进攻手段主要有：拉开防区，从边路进攻；中路的个人运球突破；中路的二过一配合进攻；利用高大中锋，长传高吊；诱"虎"出洞，趁机快攻等。

2.定位球进攻战术

定位球进攻战术是指在比赛开始或比赛成死球至恢复比赛时，所采用的进攻战术配合方法，包括中圈开球、任意球、角球、球门球、点球和掷界外球等。

（1）任意球进攻战术

任意球进攻战术分为直接任意球和间接任意球两种进攻战术。当今，队员十分重视和珍惜前场任意球进攻战术，它已成了破门得分的重要手段。

①前场直接任意球进攻战术

直接射门：由于防守者常常组成"人墙"防守，攻方常利用射门技术最好的队员，以射弧线球绕过"人墙"直接破门而得分，或趁对方排好"人墙"之前直接射门得分。

配合射门：如果在侧路发球或在中路发球但空隙很小，个人直接射门机会不成熟时，可采用传球配合方式射门得分。

②前场间接任意球进攻战术

由于各队特点不一，任意球配合的方式多种多样，应根据本队特点，采用不同的进攻配合方式。无论采用什么配合方式射门，都必须注意以下几点：

a. 快速、突然。

b. 配合越简练越好。

c. 要有固定的进攻配合套路。

d. 善于利用人数上的优势。

e. 要有射弧线球的能手。

（2）角球进攻战术

①直接长传的配合战术

根据本队队员的特点，可采用不同的配合方式。一般来说，可将球传至远端门柱附近，距端线 5~10 m 的门前区域，因此区域守门员不宜出击，便于争顶射门。

②短传的配合战术

当本方争顶射门能力差，而对手明显强于自己时，常常采用短传配合战术，以利于本队进攻。配合的方式很多，主要有同侧后面队员突然插上接应配合和场上中路队员突然横向跑向发角球队员进行接应配合。

（三）防守战术

1.活动球防守战术

活动球防守战术按参与战术配合的人数划分，可分为个人防守战术、局部防守战术和整体防守战术。

（1）个人防守战术

个人防守战术主要有盯人和选位。

①盯人

盯人是指防守队员有意地盯防一个进攻队员，使其不能自由地进行有球活动和无球活动。

盯人时，防守队员一般距对手 2 m 左右，这样便于进或退，所处的位置应始终在对手与球门之间，同时还应人球兼顾，既要盯人，又要看球。

②选位

选位是指防守队员在防守时，不失时机地选择并占据合理的防守位置。

选位同样要选择使自己始终处在对手与本方球门之间的位置。在本方发球区选位时，队员要人球兼顾，把对手置于自己的视野内。

（2）局部防守战术

局部防守战术有保护、补位和围抢，以及制造越位等。

①保护

保护是指当同伴紧逼控球的对手时，自己选择适当位置保护同伴，以防止对手突破的默契行动。

②补位

补位是指防守队员间的互相协助的防守配合行动。

③围抢

围抢是指在局部地区几个防守队员同时围堵、抢夺对方队员控球的默契行动。

④制造越位

制造越位是指几名防守队员通过默契配合行动，迫使进攻队员越位犯规。

局部防守战术是否成功，关键在于队员间的默契行动。为此，常常采用手势、呼唤等方式，以保证队员间默契行动。

（3）整体防守战术

整体防守战术是指将若干个局部防守战术串成一体，为完成防守战术任务所采取的全队配合方法。因此，它是建立在个人防守战术和局部防守战术基础上的。

整体防守战术分为区域防守、人盯人防守和综合防守三种防守方法。

①区域防守

指在防守时，每个防守队员防守住一个区域，当对方任一队员跑入本区时，则进行积极防守，以限制其进攻活动的配合方法。

②盯人防守

指在防守时，每个防守队员盯住一个对手，限制其有球活动和无球活动的配合方法。

③综合防守

综合防守是人盯人防守与区域防守相结合的防守方法。

综合防守是目前较为广泛采用的一种整体防守战术，它克服了人盯人和区域防守的缺点，集中了它们的优点，因而备受重视。在采用这种防守方法时，对有球队员和有球的局部地区要紧逼盯抢，而距球远的防守队员可采用区域防守，如两个中卫，一个突前，以盯人为主，一个拖后，进行区域防守。

2.定位球防守战术

定位球防守战术是与定位球进攻战术相对应进行的，重点是任意球防守战术和角球防守战术。

（1）任意球防守战术

任意球防守战术重点是防守前场直接任意球战术。

防守时，主要是排成"人墙"进行防守，排墙人数主要依据球距球门的远近和射门角度大小而定，距球门越近，射门角度越大，防守"人墙"的人数则越多。一般来说，当对方在罚球区附近罚球时，防守方可用 5～6 人排墙；当对方在罚球区与边线平行处之间罚球时，防守方可用 1～2 人排墙。排墙位置，一般是封死球门的近角，远角留给守门员防守。

（2）角球防守战术

防守方在防守角球时，一是在距角球区 9～15 m 处设一防守队员，以干扰和破坏对手利用短传球配合进攻的角球；二是门前的配合防守，原则上以盯人为主，但在近门柱处设一防守队员，以防球从近门柱处入门。

防守方在防守角球时，必须做到：分工明确，各负其责；积极争抢第一点球；有专人指挥，不要忙乱；严密封堵对手抢射的第二点球等。

（四）足球比赛阵型

比赛阵型是指在比赛场上队员基本位置的排列，是本队攻守力量的搭配。阵型规定了队员的主要职责，一个球队所采用的阵型主要根据本队队员的特长和特点来选择。

阵型的主要内容是划分各个位置运动员攻守的一般区域，规定每个运动员攻守的具体职责，确定每个运动员与各条线间的关系，明确个人、局部与整体间的有目的的联系。

足球比赛阵型的人数排列是从后卫排向前锋，根据队员排列的层次分为后卫线、前卫线和前锋线，通常也称后场队员、中场队员和前场队员。根据运动员上场比赛的人数，通常分为 11 人制、9 人制、7 人制和 5 人制，它们各有不同的阵型排列。

1.11 人制比赛阵型

当今，国际足坛在采用 11 人制比赛阵型时，主要有 1+4+3+3（"四三三"）阵型、

1+4+4+2（"四四二"）阵型和 1+3+5+2（"三五二"）阵型。

（1）1+4+3+3 阵型

1+4+3+3 阵型是一种纯进攻类型的足球战术。

①特点

a. 加强了中场力量。中场由三人组成，有利于攻守力量的组织。

b. 增强了机动性。防守时，两边锋和三个前卫可不受位置束缚参与防守；进攻时，两个边后卫、中卫也可随时插上进攻。

c. 为发挥中后场队员的潜力创造了条件。这一阵型的三个前锋抵不住四个后卫，但二三线队员的突然插上进攻，会使对手措手不及，令其防不胜防。

②各位置职责

1+4+3+3 阵型各位置的主要职责如下：

守门员：守住对方射向球门的球，担任后场的指挥员，组织防守体系，有效地发动进攻。

右、左边后卫：盯防对方的边锋，防守对方从边路发动的进攻，及时补位，组织和插上进攻。

突前中卫：紧盯对方中锋，解除罚球区附近高球的威胁，发动和组织进攻。

拖后中卫：保护同伴和补位，伺机抢断球，指挥和组织防守，组织进攻或插上射门。

前卫：组织进攻，远射和插上攻击球门，组织或盯人防守，保护和补位。

由于三个前卫特点和要求不同，其职责也有所侧重：

右、左边锋：边路突破传中，射门得分，多承担定位球进攻，协助防守。

中锋：射门得分，为同伴创造射门机会，协助防守。

（2）1+4+4+2 阵型

1+4+4+2 是由 1+4+3+3 阵型演变过来的，其特点是加强了中后场的防守，有利于快速反击和二三线队员插上进攻。

（3）1+3+5+2 阵型

为了对付 1+4+4+2 阵型中的双中锋和加强后卫的插上进攻，以及稳固中场，当今出现了 1+3+5+2 阵型。这样，使全队攻守更加灵活、更加机动。

2.7 人制比赛阵型

根据本队和对手的特点，7 人制比赛阵型大致有 1+3+3 阵型和 1+2+1+3 阵型等。

3.5 人制比赛阵型

根据本队特点和比赛需要，5 人制比赛阵型主要有 1+2+2 阵型和 1+3+1 阵型等。

在 7 人制足球比赛和 5 人制足球比赛中，攻守战术和队员职责与 11 人制足球比赛大体相同。

但由于规则等不同，攻守战术也有些区别，主要有如下方面：以短传配合的中路进攻战术和局部地区的二三人配合；而边路的传中和外围冲吊打法较少；防守时罚球区附近的紧逼盯人与相互保护，以及邻近位置的补位颇为多见；阵型和位置分工不甚明显；守门员活动范围略为扩大，并多用手掷球等。

4.选用比赛阵型的原则

（1）必须依据本队和对方队员特点择用阵型。

（2）必须允许队员随机摆脱阵型的束缚。

（3）阵型不是战术打法的本质反映。

（4）根据前后三条线（或两条线）攻守力量的需要来配备人数。

四、足球比赛规则

（一）场地设置

1.场地面积

比赛场地应为长方形，长 90～120 m，宽 45～90 m。任何时候，长度都必须超过宽度（如图 5-28 所示）。

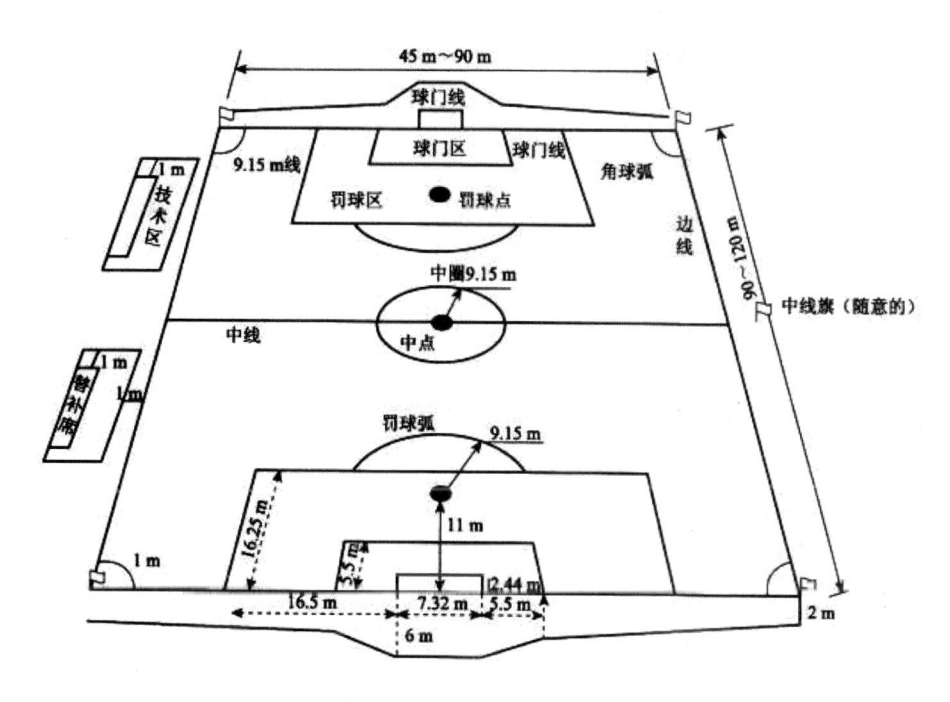

图 5-28　足球比赛场地

2.画线

比赛场地应按照平面图画出清晰的线条，线宽必须小于 12 cm，不能做成"V"形凹槽，较长的两条线叫边线，较短的叫球门线，场地中间画一条横穿球场的线，叫中线。场地中央应当做一个明显的标记，并以此点为圆心，以 9.15 m 为半径，画一个圆圈叫中圈。应竖一根不低于 1.5 m 高的平顶旗杆在场地的每个角上，上边系一面小旗；在场地两侧正对中线的边线外至少 1 m 处，可以各竖一根相似的旗杆，系上相似的旗。

3.球门区

在比赛场地两端距球门柱内侧 5.5 m 处的球门线上，向场内各画一条长 5.5 m 与球门线垂直的线，一端与球门线相接，在另一端画一条连接线与球门线平行，这三条线与球门线范围内的地区就是球门区。

4.罚球区

在比赛场地两端距球门柱内侧 16.5 m 处的球门线上，向场内各画一条长 16.5 m 与球门线垂直的线，一端与球门线相接，在另一端画一条连接线与球门线平行，这三条线与球门线范围内的地区叫罚球区，在两球门线中点垂直向场内量 11 m 处各做一个清晰的标记，叫罚球点。以罚球点为圆心，以 9.15 m 为半径，在罚球区外画一段弧线，叫罚球弧。

5.角球区

以边线和球门线交叉点为圆心，以 1 m 为半径，向场内各画一段四分之一的圆弧，这个弧内地区即角球区。

6.球门

球门应设在每条球门线的中央，由两根相距 7.32 m、与两面角旗点相等距离、直立门柱与一根下沿离地面 2.44 m 的水平横木连接组成。门柱及横木的宽度与厚度均应对称相等，必须小于 12 cm。

（二）规则简介

1.比赛时间

比赛分为两个半场，上下半场各为 45 min，半场休息时间不得超过 15 min，上下半场由于某些原因而消耗的时间都要补足。

2.球员人数

每队上场的人数通常是 11 人，其中有 1 个守门员，守门员的球衣颜色必须不同于两队球员球衣的颜色。

3.越位

当没有球时，进攻球员站于防守一方的球门线与该进攻球员之间；当只有 1 个防守球员时，进攻的球员便是处于越位位置。

4.直接自由球

球员犯规，在该点由对方判罚，直接射进球门，可算得分。

队员有如下情况可判为直接自由球：踢或企图踢对方球员、绊倒或企图绊倒对方球员、跳向对方球员、冲撞对方球员、殴打或企图殴打对方球员、推对方球员、抓或拉对方球员、向对方球员吐口水、非守门员故意用手触球，以及铲球未触球前触及对方。

5.间接自由球

球员犯规，在该点由对方判罚，裁判以单手高举手势示意；直接射进球门，却未经其他球员触及，不算得分。

队员有如下情况可判为间接自由球：守门员用手将球交出，在球未触及其他球员前，又一次用手触球；同队球员故意将球踢向守门员，守门员用手触球；直接获得同队球员掷边球入场，守门员用手触球；延误时间；守门员用手持球行走超过 4 步；阻挡对方球员前进；阻碍守门员用手将球交出；动作有危险性；其他犯规，规则未规定者。

6.黄、红牌警告

队员有如下情况，将被处以黄牌警告：非运动精神行为；用语言或动作表示异议；连续违反规则；延误重新开始比赛；踢角球或自由球，不与球保持必要距离（10 码）；未经裁判允许擅自出入球场。

队员有如下情况，将被处以红牌判罚离场：严重犯规；言语无礼、侮辱或谩骂；粗鲁行为；对任何人吐口水；对方有机会进球得分时，故意用手触球；对方有机会进球得分，故意用犯规手段阻止；在同一场比赛，两次被黄牌警告。

7.罚球

（1）球员在己方罚球区内触犯直接自由球的规则，由对方在罚球点（12 码）判罚。

（2）罚球区的位置在球门前长 18 码、宽 44 码的长方形范围。

8.界外球

（1）整个球体在空中或地面，全部越出边线时；在越出边线地点，由最后触球球员的对方掷球入场，比赛重新开始。

（2）掷界外球的球员须站在边线外、两脚着地、面对球场，并用双手掷球。

（3）队员掷界外球直接进入对方球门，不算得分。

9.球门球

（1）球直接进入对方球门，算得分。

（2）球由攻方球员触及，整个球体在空中或地面全部越出球门线时，判球门球。

（3）由守方球员在球门区内任何一点踢球门球。

10.角球

（1）球直接进入对方球门，算得分。

（2）球由守方球员触及，整个球体在空中或地面全部越出球门线时，判角球。

第四节　大学生乒乓球运动

一、乒乓球运动简介

乒乓球运动是球类运动之一，由两名或两对选手各自单手持拍在中间隔一网的球台两端，以推、挡、搓、削、抽、拉等攻防动作交替击球的一项竞赛活动。乒乓球运动于19世纪后半叶起源于英国，它是由网球运动派生而来的，乒乓球又被称为"桌上网球"。1890年，英国工程师詹姆斯·吉布从美国带回作为玩具的空心赛璐珞球，由于这种球有较大的弹性，球触及球拍、球台发出"乒乒乓乓"的声音，故称为"乒乓球"。

乒乓球运动自第一届世锦赛以来，经过不断发展和演变，特别是1988年被列入奥运会正式比赛项目后，已引起世界各国体育组织和体育爱好者的极大关注和重视。如今，乒乓球运动已遍及五大洲，成为世界上广大体育爱好者最喜爱的运动项目之一。自2000年10月1日起，乒乓球运动驶入"大球"航道，球体直径从38 mm增至40 mm，击球速度和旋转相对减弱，从而使回合增加，比赛也比以往更激烈、更精彩。2002年9月1日，国际乒乓球联合会又对乒乓球竞赛规则进行重大修改，实行了"11分制"和"无遮挡发球"，使乒乓球比赛增加了偶然性和悬念，世界乒乓球竞技水平更加均衡，比赛也更具观赏性。乒乓球在中国有广泛的群众基础，被誉为"国球"。

目前，世界上的乒乓球重大赛事有世界乒乓球锦标赛，设男子团体、女子团体、男子单打、女子单打、男子双打、女子双打、混合双打七个项目；奥运会乒乓球赛，设男子单打、女子单打、男子双打、女子双打四个项目；世界杯乒乓球赛，自1980年始，每年举行一届，同年举行了男单赛，1990年增设了团体和双打比赛，1996年又增设了女单赛。除此之外，还有世界各大洲运动会乒乓球比赛、乒乓球锦标赛。近年来，我国国内乒乓球赛事趋于繁多，除了全国运动会乒乓球赛，还有全国乒乓球锦标赛、冠军赛、各等级俱乐部联赛、大学生联赛、中学生联赛、青少年各年龄段比赛，以及各种类型的国际邀请赛等。

中国大学生乒乓球运动发展很快，1990年，中国大学生乒乓球协会在上海成立，每年都组织全国性的大学生比赛活动，中国大学生乒乓球队在世界大学生运动会乒乓球比赛和世界大学生乒乓球锦标赛上战绩卓著,多次为祖国赢得了荣誉。

乒乓球运动的特点是球体轻、速度快、旋转变化多,富有技巧性和趣味性,经常参加这项运动,可以提高人的灵敏性和协调性,提高动作的速度和上下肢活动的能力,改善心血管系统的功能,促进新陈代谢,增强体质,培养人勇敢顽强、机智果断等品质。此外,乒乓球运动对场地设备、气候条件和练习者身体素质的要求相对不高,是一项男女老幼皆宜、健身效果非常好的运动,因而深受国人的喜爱,更是很多大、中、小学生首选的一项运动。

二、乒乓球基本技术

(一) 握拍法

乒乓球握拍方法分直拍握法和横拍握法两种,不同的握法各有其优点,从而产生各种不同的打法。

1.直拍握法

传统直拍握法:食指的第三关节贴在球拍柄右侧,第二关节压住右侧拍肩,第一关节自然向内弯曲,拇指的第一节压住左侧拍肩,其他三指自然弯曲斜向重叠,以中指第一指节托于球拍背面,使球拍保持平稳,如图 5-29 所示。

图 5-29 传统直拍握法

现代直拍握法:拇指放松压住球拍的左肩,食指弯曲扣住拍柄,后面三个手指稍微伸直抵住球拍背面,如图 5-30 所示。

图 5-30　现代直拍握法

直拍横打握法：手腕放松，拇指稍微伸直靠在左侧拍肩，将拍面下压，食指自然弯曲靠在右侧拍肩，其余三个手指稍微弯曲抵住背面，如图 5-31 所示。

图 5-31　直拍横打握法

2.横拍握法

浅握：以中指、无名指、小指自然地握住拍柄，拇指在球拍的正面轻贴在中指旁边，食指自然斜放于球拍的背面，虎口稍微贴近拍肩。

深握与浅握的握法基本相同，虎口紧贴拍肩。

浅握的优点是握拍较松，手腕灵活，对台内球的处理方法较多，既可用拉，又可用撇、摆短等方法回击，进攻多变，隐蔽性强；缺点是攻击时，上臂、前臂的力量较难集中到手腕上，因而发力略受影响。

深握的优点是进攻时上臂、前臂的力量能集中到手腕上，发力比较集中，进攻的杀伤力更强；缺点是由于握得较紧，手腕的灵活性稍差一些，处理台内球比较困难。如图 5-32 所示。

a) 浅握　　　　　　　　　　　　b) 深握

图 5-32　横拍握法

乒乓球握拍应注意以下问题：

第一，无论是哪种握法，握拍都不应过紧或过松。如果握拍过紧，会使手腕僵硬，影响发力时的手腕动作；如果握拍过松，则影响击球力量和击球的准确性。

第二，在变换击球的拍面、调节拍面角度时，要充分利用手指的作用。

第三，不应经常变化握拍的方法，否则会影响打法类型及风格的形成，尤其是初学者，更应注意。

（二）基本步法

1. 单步

移动方法：球员以一只脚为轴，另一只脚向前、后、左、右不同方向移动，身体重心随之落在移动脚上。

实际运用于：（1）接近网小球；（2）削追身球；（3）单步侧身攻击在来球落点位于中线稍偏左，或对推中侧身突袭直线，或对搓中提拉球时常用。

2. 跨步

移动方法：球员一脚蹬地，另一脚向移动方向跨一大步，蹬地脚随后跟上半步或一小步，身体重心即移到跨步脚上。

实际运用于：（1）近台快攻打法，用来对付离身体稍远的来球；（2）削球打法，左右移动击球；（3）跨步侧身攻，当来球速度较慢但离身体稍远时，球员左脚向左前上方跨一大步，右脚随即跟上一小步，同时配合腰部右转动作，完成侧身移动。

3. 并步

移动方法：球员一脚先向另一脚并半步或一小步，另一脚在并步脚落地后随即向来球方向移动一步。

实际运用于：（1）快攻选手在左右移动中攻球或拉球；（2）削球选手正反手削球；（3）并步侧身攻，多用于拉削球时，即右脚先向左脚后并一步，以便转体，随之左脚向侧跨一步。

4.跳步

移动方法：球员以来球异侧脚用力蹬地，两脚同时离地向来球方向跳动。

实际运用于：（1）快攻选手左右移动击球时，常与跨步结合起来使用；（2）弧圈类打法由中台向左右移动时常用；（3）跳步侧身攻或拉，但在空中要完成转腰动作；（4）削球选手在接突击球时常采用，但以小跳步来调整站位用得较多。

5.交叉步

移动方法：球员以靠近来球方向的脚作为支撑脚，该脚的脚尖调整指向移动方向，远离来球方向的脚在体前交叉，向来球方向跨出一大步，身体随之向来球方向转动，支撑脚跟着向来球方向再迈一步，这是前交叉步。后交叉步是在体后完成交叉动作。

实际运用于：（1）快攻或弧圈打法在侧身攻、拉后扑打右角空档，或从右大角变反手击球；（2）在走动中拉削球；（3）削球打法接短球或削突击球。

6.侧身步

移动方法：球员以右脚为支撑用力，左脚向左后方迈出，在转腰引拍的同时，右脚向右后侧移动，将身体重心放在右腿，根据来球落点使身体与球台底线形成一定的角度。

实际运用于：（1）直拍发球后的侧身抢攻；（2）反手相持中的侧身抢攻。

7.碎步

碎步即较高频率的小垫步，球员在找到合适的击球点之前，要通过小碎步来调整，争取更好的击球点，多与其他脚步配合使用。

（三）发球

常用的乒乓球发球技术有以下几种：

1.平击发球

平击发球，如图 5-33 所示，基本不带旋转，它是最基本的发球方法，也是掌握其他复杂发球的基础。

图 5-33　平击发球

动作方法：球员发球时，将球置于掌心上抛起，同时持拍手向后引拍；当球从高点下降至低于球网时，持拍手以肘部为轴，前臂向前方挥摆击球；当球拍触球时，拍面稍前倾，击球中上部。击球后，第一落点应在球台的中区。

2.正手发左侧上旋球和下旋球

正手左侧上旋球和左侧下旋球混合交替地发球，主要利用近似的发球手法，使对手不易判断。

动作方法：球员发左侧上旋球时，身体站于球台左侧，右脚在后；将球抛起后，持拍手向右上方引拍；当球下落时，手臂迅速向左下方摆动，触球瞬间小臂和手腕同时发力，向左上方转动，使球拍从球的中部偏下向左上方摩擦。

球员发左侧下旋球时，手臂则从右后上方向左前下方直接做擦击动作，在与网同高时接触球的中卜部。如图 5-34 所示。

图 5-34　正手发左侧上旋球和下旋球

3.反手发右侧上旋球和下旋球

球员发右侧上旋球时，两脚左右开立，右脚在前；将球抛起后，持拍手向左后方引拍，拍柄略向下；当球下落时，前臂和手腕同时发力，向右前下方挥拍，触球瞬间手腕向右前上方用力，使球拍从球的中部偏下向右上方摩擦。

球员发右侧下旋球时，挥拍弧线是由左后上方向右前下方，与网同高时击球，使球拍从球的中下部向右下方摩擦。如图 5-35 所示。

图 5-35　反手发右侧上旋球和下旋球

4.正反手发急球（奔球）

球员正手发急球时，右脚稍后，身体稍向右转，右手持拍于身体右侧。当将球向上抛起后，球员持拍手迅速向右后上方引拍，待球下落时，前臂迅速由后向左前方挥动，拇指压拍，拍面略向左倾斜，当球下落至与网同高时击球，球拍沿球的右侧中部向中上部摩擦。击球后，其前臂和手腕顺势向前挥动。如图 5-36 所示。

球员反手发急球时，右脚在前，身体稍向左转，左手掌心托球置腹前左侧，右手持拍于身体左侧。抛球后，待球下落时，球员前臂迅速向前挥动，击球点应与网同高或比网稍低，拍面稍前倾，击球的中部。击球后，其前臂和手腕顺势向前挥动。

图 5-36　正手发急球

5.正手发转球与不转球

发转球时,球员两脚左右开立,左脚在前,前臂向后上方引拍,拍面略后仰。抛球后,球员手臂略外旋,待球下落时前臂迅速向前下方挥动,手腕用力转动使拍面后仰角度大一些,约与网同高时击球,摩擦球的中下部。

球员发不转球时,手臂向前下方挥摆时,前臂外旋与手腕的转动要慢,或外旋后在触球瞬间略内旋,使拍面后仰角度小些,用球拍上部偏右处向前撞击球,减小向下摩擦力。如图 5-37 所示。

图 5-37　正手发转球与发不转球

(四)接发球

在一局比赛中,接发球的机会与发球相同。如果球员的接发球能力较差,不仅给对方带来较多的进攻机会,而且在处理关键球时会延误战机,影响全局。

技术方法:接发球常用推、搓、摆短、拧、拉、抢冲等方法来回击,是靠旋转和变化落点去抑制对方攻势的。在拧、拉和抢冲时,球员可以直接破坏对方的攻势,打法上应积极主动,所以在接发球时,应根据不同的情况做到时搓时拉,忽攻忽守,只有这样,才能充分掌握比赛的主动权。

(五)推挡球

技术方法(以右手为例):推挡球以直拍反手推挡球为主,其中又分大力推挡、推下旋、推侧上和减力推挡等。球员在反手推挡时,距离台面 30~50 cm,两脚左右开立,左脚稍前，右脚在后，小臂与地面略平行，肘部与大臂贴右侧身旁，小臂在腹前，球拍与桌面垂直。

当来球入台反弹上升时，球员小臂内收，球拍迎向来球方向，向前下方发力，推击来球的中上部，同时食指用力拇指放松，使球拍前倾，盖住来球，大臂随小臂前摆。击球后，球拍呈半圆形路线还原。如图 5-38 所示。

图 5-38 推挡球

（六）正手攻球

技术方法（以右手为例）：攻球是最重要的一项基本击球技术，是最具有威慑力的得分手段。攻球时，球员两脚左右开立略比肩宽，两膝微屈，左脚稍前，身体略右转，重心在右脚，前臂自然弯曲，手腕放松，球拍呈半横状，拍形与台面垂直或稍前倾。击球时，球员右脚用力蹬地，身体略左转，带动手臂向前挥拍迎球，在来球的上升期或最高点击球的中上部。在触球的瞬间，球员前臂用力收缩，以向前打为主，略带摩擦。触球后，因惯性作用，球拍挥至头左侧，球员身体重心移至左脚。此时，为了转入回击下板球，球员应调整身体重心，并密切注视对方的击球动作。如图 5-39 所示。

图 5-39 攻球

（七）搓球

技术方法（以右手为例）：搓球是近台还击下旋球的一种基本技术，在比赛中，经常用搓转球与搓不转球和快慢的变化，为攻球、拉弧圈球创造进攻的机会。

搓球分为反手搓球和正手搓球。

反手搓球时，球员两脚平行站立，距离台面 50 cm 左右，当来球将落台面时，应上左脚，大臂开始向胸前右侧贴近，略下垂，拍柄与小臂成直线，球拍置于左侧胸前，球拍后仰与球台夹角约为 100°。击球时，球员小臂引拍由后向前下方发力，做铲击动作（半圆弧动作），在球拍触球的瞬间，手腕配合小臂向前下方抖动球拍，擦击球的中下部，将球击出后迅速还原。

正手搓球时，球员站位与反手搓球相同，球拍后仰与球台夹角约为 100°，等来球从台面反弹至最高点时，上右脚，大臂引向身体右侧，小臂持拍外伸，迎向来球方向，小臂向前、向内收缩发力，同时手腕配合由外向内扭动，球拍由右上方向左前下方削击来球。触球时，球员手腕协助加快球拍的擦击速度，摩擦球后下部，将球击出后迅速还原。如图 5-40 所示。

图 5-40　搓球

（八）拉弧圈球

技术方法：弧圈球是一种非常强的进攻技术，自 20 世纪 60 年代出现以来不断发展，现已被各国运动员广泛采用。弧圈球可分为加转弧圈球、前冲弧圈球和侧旋弧圈球等，并且正反手均可拉。下面以右手为例，对正手拉加转弧圈球、正手拉前冲弧圈球的技术方法做简单介绍。

正手拉加转弧圈球时，球员两脚左右开立，左脚在前，右脚稍后，两膝微屈，身体右转，带动手臂向右后下方引拍，手腕稍向后拉，球拍低于来球。击球时，球员右脚掌内侧蹬地，靠转腰带动手臂向左前上方挥动，身体重心从右脚向左脚交换。在击球的瞬间，球员快速收缩前臂，击球的中部或中上部，撞击后迅速转为向前上方摩擦球。球出手后，因惯性作用，球拍摆至头前才逐渐停止，球员身体重心随之移到左脚。此时，应用一小跳步使身体重心还原，准备下次击球。

正手拉前冲弧圈球时，球员两脚左右开立，左脚在前，右脚稍后，两膝微屈，身体略右转，向右后方引拍，身体重心比拉加转弧圈球时稍高，球拍与来球同高或稍低于来球。挥拍击球时，球员身体、前臂及手腕应向左前方发力，击球的中上部。在击球的瞬间，球员应将向前的撞击与摩擦球动作融为一体，前臂用力收缩，手腕要有适当的摩擦，击球时间一般为球上升后期或高点期。如图 5-41 所示。

图 5-41　拉弧圈球

三、乒乓球基本战术

（一）发球抢攻战术

发球抢攻是力争主动、先发制人的主要战术，各种类型打法的乒乓球运动员都普遍采用发球抢攻，来抢占每个回合的上风。发球抢攻战术主要有如下几种：正手发转球与不转球；正手（高抛或低抛）发左侧上（下）旋球；反手发右侧上（下）旋球；反手发急球或急下旋球。

（二）接发球战术

接发球战术与发球抢攻战术同样重要，从某种意义上讲，接发球水平的高低，可以反映运动员的实战能力及对各项基本技术的应用程度。常用的接发球战术有如下几种：接发球控制；接发球抢攻；盯住对方的弱处，寻找突破口；控制接发球的落点；正手侧身接发球。

（三）搓攻战术

搓攻战术是进攻型打法的辅助战术之一，主要利用搓球旋转的变化和落点的变化，为抢攻创造机会。这一战术在基层比赛中被普遍采用。搓攻战术也是削球型打法争取主动的主要战术之一。常用的搓球战术有如下几种：慢搓与快搓结合；转与不转结合；搓球变线；搓球控制落点；搓中抢攻。

（四）弧圈球战术

由于弧圈球战术把速度与旋转有效地结合起来，稳健性好，适应性强，许多著名选手已用它去替代攻球或扣杀。常用的弧圈球战术有如下几种：发球抢攻；接发球果断上手；中、远台对冲；相持中的战术运用。

四、乒乓球比赛规则

（一）比赛场地

乒乓球赛区空间不少于 14 m 长、7 m 宽、5 m 高。

乒乓球赛区应用 75 cm 高的同样的深颜色的挡板围起，与相邻的赛区及观众隔开。

乒乓球赛区的地板不应是浅色，或有明显反光，其表面不得为砖面、石面或水泥面。

（二）比赛器材

1.球台

乒乓球比赛台面为与水平面平行的长方形，长 2.74 m、宽 1.525 m、离地面高 0.76 m，由一个与台面端线平行的垂直球网划分为两个相等的台区。在双打比赛中，各台区应由一条 3 mm 宽的白色中线划分为两个相等半区，中线应视为右半区的一部分。

  2.球网装置

  乒乓球球网装置包括球网、悬网绳、网柱及将它们固定在球台上的夹钳部分。球网长 183 cm，球网上边距离台面 15.25 cm。

  3.球

  乒乓球的直径为 40 mm，球重 2.7 g，球应用赛璐珞或类似的塑料制成，呈白色或橙色，且无光泽。

  4.球拍

  乒乓球拍的大小、形状和重量不限，但底板应平整、坚硬。用来击球的拍面应用一层颗粒向外的普通颗粒胶覆盖，连同黏合剂，厚度不超过 2 mm；或用颗粒向内或向外的海绵胶覆盖，连同黏合剂，厚度不超过 4 mm。覆盖物应覆盖整个拍面，但不得超过其边缘。靠近拍柄部分及手指执握部分可不予以覆盖，也可用任何材料覆盖。球拍两面无论是否有覆盖物，都必须无光泽，且一面为鲜红色，另一面为黑色。在比赛开始及比赛过程中运动员需要更换球拍时，必须向对方和裁判员展示他将要使用的球拍，并允许他们检查。

  （三）乒乓球比赛主要规则

  1.定义

  回合：球处于比赛状态的一段时间。

  阻挡：对方击球后，向比赛台面方向运动的球，在触及本方台区之前或越过端线之前即触及本方运动员或其穿戴的任何物品。

  发球员：在一个回合中，首先击球的运动员。

  接发球员：在一个回合中，第二个击球的运动员。

  越过或绕过球网装置：除了从球网与比赛台面之间通过，以及从球网与网架之间通过的情况以外，球均应视作已越过或绕过球网装置。

  2.合法发球

  发球开始时，球自然地置于球员不执拍手的手掌上，手掌张开，保持静止。

  发球员须用手将球几乎垂直地向上抛起，不得使球旋转，并使球在离开不执拍手的手掌之后上升不少于 16 cm，球下降到被击出前不能碰到任何物体。

当球从抛起的最高点下降时，发球员方可击球，使球首先触及本方台区，然后越过或绕过球网装置，再触及接发球员的台区。在双打中，球应先后触及发球员和接发球员的右半区。

从发球开始，到球被击中，球要始终在比赛球台的水平面之上和在发球员的端线以外，而且不能被发球员或其双打同伴的身体或衣服的任何部分挡住。

3.1 分

除了被判重发球的回合以外，如下情况运动员得 1 分：对方运动员未能合法发球；对方运动员未能合法还击；运动员在合法发球或合法还击后，对方运动员在击球前，球触及了除球网装置以外的任何东西；对方击球后，该球没有触及本方台区而越过本方端线；对方阻挡；对方连击；对方用不符合规则规定的拍面击球；对方运动员或其穿戴的任何东西使球台移动；对方运动员或其穿戴的任何东西触及球网装置；对方运动员不执拍手触及比赛台面；双打时，对方运动员击球次序错误；执行轮换发球法时，接发球方进行了 13 次合法还击，则判发球方失 1 分。

4.一局比赛

在一局比赛中，先得 11 分的一方为胜方；10 分平以后，先多得 2 分的一方为胜方。

5.发球、接发球和方位的选择

选择发球、接发球和方位的权利应由抽签来决定，中签者可以选择先发球或先接发球，或选择先在某一方位。

当一方运动员选择了先发球或先接发球，或选择了先在某一方位后，另一方运动员必须有另一个选择。

在每获得 2 分之后，接发球方即成为发球方，依此类推，直至该局比赛结束，或者直至双方比分都达到 10 分，或者实行轮换发球法。这时，发球和接发球次序仍然不变，但每人只轮发 1 分球。

在双打的第一局比赛中，先发球方确定第一发球员，再由先接发球方确定第一接发球员。在以后的各局比赛中，第一发球员确定后，第一接发球员应是前一局发球给他的运动员。

在双打中每次换发球时，前面的接发球员应成为发球员，前面的发球员的同伴应成为接发球员。一局中首先发球的一方，在该场下一局应首先接发球。

在双打决胜局中，当一方先得 5 分时，应双方交换场地。若场上比分加起来为奇数，接发球方应该换另外一人作为接发球员；若场上比分加起来为偶数，则先前的接发球员变为发球员，发球员变为接发球员。

6.轮换发球法

如果一局比赛进行到 10 min 仍未结束（双方都已获得至少 9 分时除外），或者在此之前任何时间应双方运动员要求，应实行轮换发球法。

当时限达到时，球仍处于比赛状态，裁判员应立即暂停比赛，开启轮换发球法，由被暂停回合的发球员发球，继续比赛；当时限达到时，球未处于比赛状态，亦开启轮换发球法，应由前一回合的接发球员发球，继续比赛。

此后，每位运动员都轮发 1 分球，直至该局结束。如果接发球方进行了 13 次合法还击，则判发球方失 1 分。轮换发球法一经实行，将一直使用到该场比赛结束。

第五节　大学生羽毛球运动

一、羽毛球运动简介

羽毛球运动大概于 1920 年传入我国，中华人民共和国成立以后，该运动得到迅速发展，如今，我国的羽毛球运动已达到世界先进水平。

在 1988 年汉城奥运会上，羽毛球被列为表演项目；1992 年，巴塞罗那奥运会将其列为正式比赛项目；1996 年亚特兰大奥运会将羽毛球混双列为比赛项目，从此羽毛球运动进入新的发展时期。2006 年，羽毛球新规则正式实施，在该年汤姆斯杯、尤伯杯比赛中首先采用。20 世纪 70 年代，在国际羽毛球坛，印度尼西亚与我国平分秋色，80 年代，优势已转向我国，说明我国羽毛球运动已达到世界先进水平。

目前，由羽毛球世界联合会主办的世界重大羽毛球赛有汤姆斯杯、尤伯杯、世界羽毛球锦标赛、苏迪曼杯、世界杯羽毛球赛、全英羽毛球锦标赛、奥运会羽毛球比赛和国际系列大奖赛等。

二、羽毛球基本技术

（一）握拍法

羽毛球握拍方法分为正手握拍和反手握拍两种，下面将分别加以介绍。

1.正手握拍

正确的握拍方法是球员先用左手拿住球拍杆，使拍面与地面垂直，然后张开右手，使手掌下部（小鱼际）靠在球拍握柄底托，虎口对着球拍柄窄的一面，小指、无名指、中指自然地并拢，食指与中指稍稍分开，自然地弯曲并贴在球拍柄上。在击球之前，球员握拍一定要放松、自然，在击球的一刹那才紧握球拍，如图5-42所示。

图 5-42　正手握拍

2.反手握拍

一般说来，反手握拍有两种：一种是球员在正手握拍的基础上，把球拍框往外转，拇指伸直贴在拍柄的宽面上，食指、中指、无名指、小指并拢；另一种是球员正手握拍，把球拍框外转，拇指贴在球拍柄的棱上，食指、中指、无名指、小指并拢。如图5-43所示。

图 5-43　反手握拍

（二）发球

发球是羽毛球基本的、重要的技术之一，可以通过不同的发球手法，发出不同弧度、不同落点的球，来控制对方。发球可分为正手发球和反手发球。

1.正手发球

发球站位：单打发球在中线附近，球员站在离前发球线 1 m 左右；双打发球时，球员的站位可靠近前发球线。

准备姿势：球员身体左肩侧对球网，左脚在前，右脚在后，重心在右脚上，右手持拍向右后侧举起，肘部放松微屈，左手拇指、食指和中指夹住球，举在胸腹间。发球时，球员身体重心由右脚移至左脚。下面，将分别介绍用正手发球动作发出四种不同弧线的球的技术动作。

（1）高远球

球的运行轨迹又高又远、下落时与地面垂直、落点在对方场区底线附近的球，称为高远球。

发球动作要领：在发球前，球员呈准备姿势。在发球时，球员左手把羽毛球举在身体的右前方并自然放下，使球下落，右手同时持拍，由大臂带动小臂，从右后方沿着身体向前并向左上方挥动。当球落到右手臂向前下方伸直能触到球的一刹那，球员握紧球拍，并利用手腕的力量向前上方发力击球。击球之后，球员将球拍顺势向左上方挥动缓冲。如图 5-44 所示。

图 35-44　发高远球

（2）平高球

发球动作要领：发球前的准备姿势同发高远球。球员发球的动作过程大致同发高远球，只是在击球的一刹那，球员的小臂加速带动手腕向前上方挥动，拍面要向前上方倾斜，以向前用力为主。发平高球时，球员要注意发出球的弧线以对方接球时伸拍打不着球的高度为宜，并应发到对方场区底线。

（3）平快球

发球动作要领：准备姿势与发高远球相同，球员站位比发平高球稍后些（以防对方很快将球回到本方后场），充分利用前臂带动手腕爆发力向前方用力，球直接从对方的肩稍上高度越过，直攻对方后场。

（4）网前球

发网前球的动作要领：准备姿势同发高远球。击球时，球员握拍要放松，大臂动作要小，主要靠小臂带动手腕向前切送，用力要轻。如图 5-45 所示。

图 5-45　网前球

2.反手发球

反手发球的特点是动作小、出球快、对方不易判断。

发球站位：球员可以站在前发球线后 10～50 cm 及发球区中线的附近，也可以站在前发球线及场地边线附近的地方（在双打比赛中，从右场区发球时可以看到）。

准备姿势：球员面向球网，两脚前后站立（左脚或右脚在前均可），上体稍前倾，身体重心在前脚上，右手反手握拍，左手拇指、食指和中指捏住球的两三根羽毛，球托明显朝下（避免犯规），球体与拍面平行或球托对准拍面放在拍面前方。

发球动作要领：击球时，球员的小臂带动手腕朝前横切推送。在发网前球时，球员用力要轻，主要靠切送；在发平快球时，球员发力要突然，击球时拍面要有反压动作。如图 5-46 所示。

图 5-46　反手发球

（三）接发球

接发球的站位如图 5-47 所示，无论是单打，还是双打，都应选择一个合理的接发球站位。一般情况下，单打的球员接发球站位离前发球线约 1.5 m；在右发球区应站在靠中线的位置，在左发球区则应站在中间稍偏边线的位置，主要防备对方发球攻击反手部位。在双打接发球时，球员站位可靠近前发球线，因双打的后发球线距前发球线比单打短 0.76 m，发高远球易被扣杀，所以双打接发球的主要精力应放在对付发网前球上。

图 5-47　接发球

接发球的准备姿势：单打球员接发球应左脚在前（以右手持拍为例），右脚在后，侧身对网，重心在前脚，后脚脚跟稍提起，收腹含胸，持拍于右身前，两眼注视对方。

（四）击球技术

羽毛球的击球技术概括起来，有后场高空击球技术、前场网上击球技术、下手击球技术和中场击球技术。

1.后场高空击球技术

（1）高远球

以较高的弧线，将来球击到对方场区底线附近，称为击高远球。击高远球是一切上手击球动作的基础。

高远球的特点是球的弧线高、滞空时间长，它的作用是逼迫对方球员远离中心位置退到底线去接球。一方面，可减弱对方球员进攻的威力，为己方球员进攻寻找机会；另一方面，在己方球员被动的情况下，有较多的时间来调整站位，摆脱被动的局面。上手击高远球分为正手击高远球、反手击高远球和头顶击高远球。

①正手击高远球

击球前的准备动作要领：球员首先应准确判断来球的方向和落点，侧身后退使球在自己右肩稍前上方的位置，左肩对网，左脚在前，右脚在后，重心在右脚上。左手自然高举，右手持拍，大小臂自然弯曲，将球拍举在右肩上方，两眼注视来球。

击球时，由准备动作开始，球员大臂后引，随之关节上提明显高于肩部，将球拍后引至头后，自然伸腕（拳心朝上），然后在后脚蹬地、转体和腰腹的协调用力下，以肩为轴，大臂带动小臂快速向前上方甩动手腕，在手臂伸直的最高点击球。

击球后，球员持拍手臂顺惯性往前下方挥动并收拍至体前。与此同时，左脚后撤，右脚向前迈出，身体重心由后脚移到前脚。如图 5-48 所示。

图 5-48　正手击高远球

②反手击高远球

当对方将球击到本方左后场内，球员以反手将球击回对方底线的高远球击球法，称为反手击高远球。

反手击高远球的特点是节省体力，对步法要求不高，在被动的情况下，球员可采用反手击高远球过渡，帮助自己重新调整站位。如图 5-49 所示。

图 5-49　反手击高远球

动作要领：球员首先应准确判断对方来球的方向和落点，迅速将身体转向左后方，步法到位后，右脚前交叉跨到左侧底线，背对网，身体重心在右脚上，使球在身体的右肩上方。

击球前，球员由正手握拍迅速换为反手握拍，并持拍于胸前，拍面朝上。

击球时，球员以大臂带动小臂，通过手腕的闪动，自上而下地甩臂将球击出，在最后用力时，要注意拇指的侧压力与甩腕的配合，同时还要利用两腿的蹬地、转体等协调全身用力。

③头顶击高远球

球员在自己的左后场区，用正手在头顶中间部位或在左肩上方，将来球击到对方底线去的高远球击球法，称为头顶击高远球。这种击球动作是我国运动员对羽毛球技术发展的一项贡献，它较反手击球主动性强，具有更大的攻击性。如图 5-50 所示。

图 5-50 头顶击高远球

动作要领：球员在击球前的准备姿势及击球动作与正手击高远球基本一致，不同的是头顶击高远球的击球点在左肩上方（因为球是飞向左后角的）。

准备击球时，球员侧身（左肩对网）稍左后仰。

击球时，球员大臂带动小臂使球绕过头顶，从左上方向前加速挥动，在用力击球时，注意发挥手腕的爆发力和充分利用蹬地及收腹的力量。

击球后，球员左脚在身后着地并立即回蹬，同时右脚前移，重心移至右脚。

（2）吊球

把对方击来的后场高球还击到对方的网前区的击球法，称为吊球。

吊球可以用正手、反手或头顶击球技术来完成，对于初学者来说，首先要学好正手吊球技术，然后再学反手吊球及头顶吊球。

①正手吊球

吊球按球在空中飞行的弧线和击球动作的不同可分劈吊（快吊）和轻吊（拦截吊）两种。

劈吊（快吊）击球的前期动作与正手击高远球相同。

击球时，拍面正面向内倾斜，球员手腕作快速切削下压动作。若劈吊斜线球，则球拍切削球托的右侧，并向左下方发力；若劈吊直线球，则拍面正对前方，向前下方切削。如图 5-51 所示。

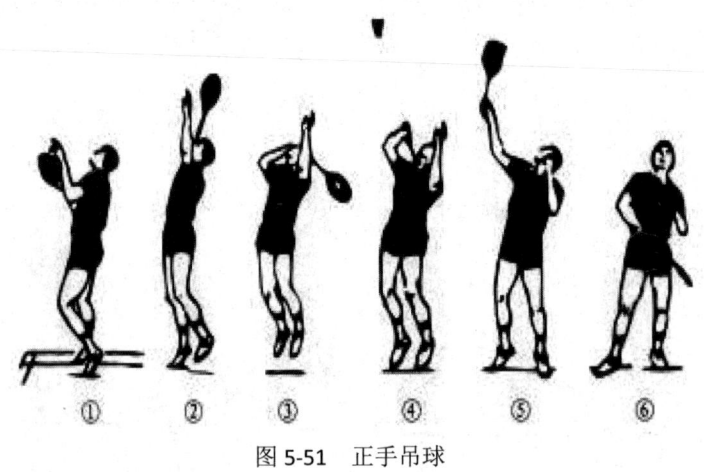

图 5-51　正手吊球

轻吊（拦截吊）击球前期动作与正手击高远球相同。

击球时，一种是轻吊时的拍面变化与劈吊基本一致，但用力要更轻些；另一种是击球时拍面正击球托或借助来球的反弹力用球拍轻挡，使球过网后贴网而下。后者多用于拦截对方击来的平高球和半场高球。

②反手吊球

反手吊球击球前的动作与反手击高远球相同，不同处在于触球时对于拍面的掌握和力量的运用。吊直线球时，球员用球拍反面切削球托的后中部，向对方右网前发力；吊斜线球时，球员用球拍反面切削球托的左侧，朝对方左网前发力。

③头顶吊球

头顶吊球也可劈吊和轻吊，其击球前的动作与头顶击高远球相同，不同的是球拍触球时拍面的变化和力量的运用。吊直线球的动作与正手吊直线球基本一致，只是击球点不同，吊斜线球时，球拍正面向外转，切削球托的左侧，朝右前下方发力。

（3）杀球

把对方击来的高球全力向下扣压，称为杀球。杀球的特点是力量大、速度快，它是主动进攻的重要技术。杀球分正手杀球、反手杀球和头顶杀球。

①正手杀球

正手杀球击球前的准备姿势和击球动作与正手击高远球基本一致，不同的是最后用力的方向朝下，并且球员要充分利用蹬地、转体、收腹，以及手臂和手腕的爆发力，全力地将球向下击出，在击球的一刹那，要紧握球拍。如图 5-52 所示。

图 5-52 正手杀球

②反手杀球

反手杀球的准备姿势和击球动作与反手击高球一致，但最后用力的方向朝下，并且球员要加快手臂和手腕朝下的闪动，击球点应尽可能高一些、往前一些，这样便于力量的发挥。

③头顶杀球

头顶杀球的准备姿势和击球动作与头顶击高球一致，不同的是球员击球时要充分利用腰腹力量，以大小臂带动手腕快速下扣。头顶杀球是一种重要的进攻性技术，也是我国运动员在左后场区进攻的主要手段，它弥补了反手击球力量不足的弱点，初学者如能掌握好头顶扣杀技术，便会使对方难以应付。

2.前场网前击球技术

网前击球是调动对方、寻找战机的重要手段，并可直接得分。因它的技术动作轻松而细巧，运用力量要求控制适度，所以在学习网前击球时，除了要注意动作规范之外，还应细心体会击球时手腕、手指的细小感觉。

准备姿势：球员侧身对网，右脚跨步成弓箭步，左脚在后自然拉开，上体略有前倾，右手持拍前伸约与肩平，肘关节微屈（注意握拍要放松）。

网前击球有搓球、放网前球、勾对角球、推球和扑球。

（1）搓球

搓球击球前准备姿势同上。在击球时，拍面稍前倾，球员利用手腕和手指的力量，向前切削球托底部或向后提拉，使球击出后旋转或滚动过网。搓球一般在对方来球较靠近网上时运用。正反手搓球除了与其握拍方式不同以外，其他要领与其相同。如图 5-53 所示。

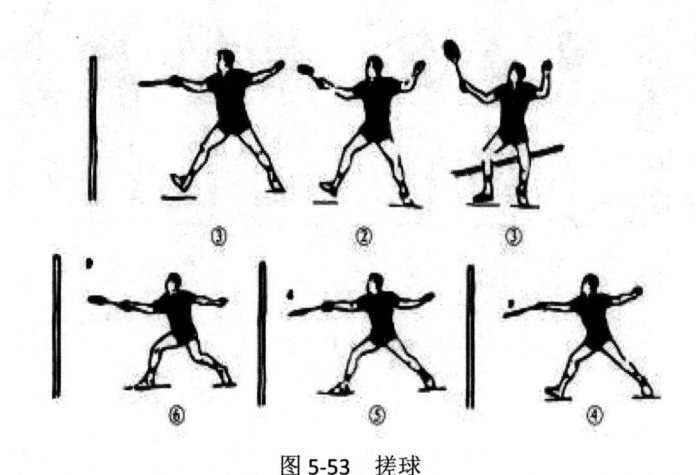

图 5-53　搓球

（2）放网前球

放网前球的准备姿势同上。击球时，拍面稍朝前下方倾斜，球员前臂带动手腕和手指向前切送球托底部。正反手放网前球除了与其握拍不同以外，其他要领与其相同。如图 5-54 所示。

图 5-54 放网前球

（3）勾对角球

在网前把来球回击到对角线网前，称为勾对角球，其准备姿势同上。击球时，拍面斜向对方右（左）网前，球员正手勾对角线时击球托的右侧，手腕和手指带动球拍向左内勾动；反手勾对角时，击球托的左侧，同时向右内勾动。如图 5-55 所示。

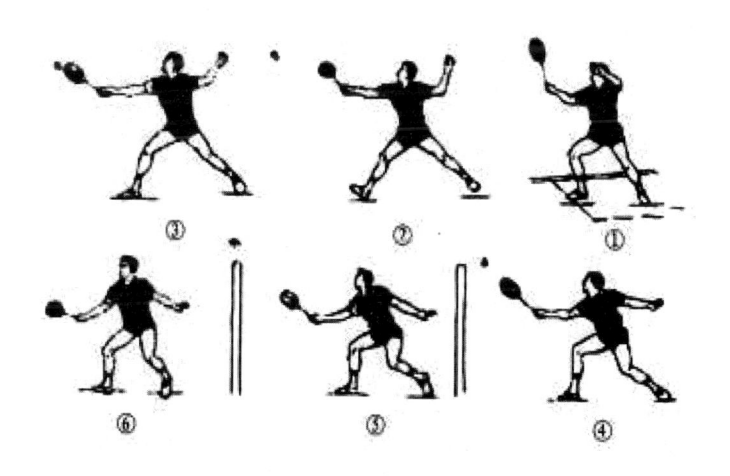

图 5-55 勾对角球

（4）推球

在网上将来球用较平的弧线快速推到对方场区底线，称为推球，其准备姿势同上。击球时，拍面前倾几乎与网平行，球员利用前臂带动手腕和手指的快速闪动将球击出。正手推球多用食指的力量，反手推球多用拇指的力量。如图 5-56 所示。

163

图 5-56　推球

（5）扑球

在网上把高于网的来球迅速扑压下去，称为扑球。击球时，拍面前倾，球员前臂带动手腕和手指快速闪动发力，击球后立即收拍，以免触网犯规。扑球时，要求球员判断准、上步快、抢点高、动作小（正反手均可）。如图 5-57 所示。

图 5-57　扑球

3.下手击球技术

下手击球一般是在防守时所采用的击球技术。下手击球有底线抽球、挑球和接杀球。

（1）底线抽球

底线抽球主要是为了对付长杀球、平推球或对方突然回击的平高球，使自己较被动地退到底线去接球时，采用的一种击球技术（分为正手抽球和反手抽球两种）。

①正手底线抽球

移动时，球员右脚先向右后场区迈一小步，身体也随之转向右后方，左脚用并步或交叉步向右后场移动一步，右脚再向右后场跨一大步并成弓箭步，重心在右脚上。在移动的同时，球员持拍臂往右后方拉，拍面稍后仰。击球时，球员以躯干为竖轴，作半圆式挥拍击球。

②反手底线抽球

移动时，球员右脚先向左脚靠一小步，然后左脚向左后场跨一步，右脚向左后场跨一大步，身体重心在右脚上。在击球前，球员背朝网，大臂往左后方拉。击球时，球员利用大臂带动小臂及手腕由左后方的前上方发力，并利用蹬地、转腰的力量将球击出。底线反手抽球多在单打被动时或双打比赛中运用。

（2）挑球

把对方发来的吊球或网前球还击到对方后场去，称为挑球。

动作要领：无论是正手挑球，还是反手挑球，最后一步应是右脚在前。正手挑球时，球员以肘关节为轴，伸拍向前，并以前臂带动手腕由下向上挥动。反手挑球时，球员以反手握拍法握拍。击球时，球员肘关节稍抬高，并以肘关节为轴，前臂带动手腕由下向上挥动。

（3）接杀球

把对方杀过来的球还击到对方场区去，称为接杀球。

接杀近身球技术：对方杀球的落点离身体不远，无须移动脚步而在原地进行还击。

接杀远身球技术：对方杀球的落点离身体较远，须移动脚步进行还击。

以上两种接杀球技术均可用正手和反手去完成。

4.中场平击球技术

（1）正、反手中场平抽球

正、反手中场平抽球主要用来对付对方来球中离身体较远的平球。球员站于自己半场的中心附近，两脚左右开立，面对球网，两膝微屈，右手持拍于体前。击球时，球员应判断准来球并向右（左）侧横跨一步，同时挥拍，依靠前臂和手腕的闪动发力击球。正手平抽球时，多用食指的力量向前发力；反手平抽球时，多用拇指的反压力朝前发力。无论是正手中场平抽球，还是反手中场平抽球，其击球点都应争取在球员身体侧前方，这更便于手臂发力。

（2）半蹲式中场平击球

半蹲式中场平击球主要运用在双打比赛中，这是进行对攻的一种击球技术。这种技术是将对方击来的位于肩部或面部附近的球，在半蹲姿势下还击回去。击球时，球员应看准来球，迅速取半蹲姿势，同时举拍在正面或头顶等位置，以前臂带动手腕快速闪动挥拍击球。

（五）步法

1. 站位

无论是单打，还是双打，在步子移动前，球员应选择一个有利的站位，这既有利于向各个方向运动迎击来球，又可以使对方不易找到攻击的空当。在移步的情况下，上网步法或后退步法移动前的站位应有所变化。

2. 站法

站法与双方的打法特点、来球的落点有密切的关系。一般的站法有两种：一是前后站，即球员右脚稍前或左脚稍前；二是平行站。上网或后退时，多采用前后站法。防守或接两侧来球时，多采用平行站法。这两种站法各有利弊，可以根据不同情况，不断地变换站法。

3. 起动

起动是各种步子移动的前提，只有起动快，才能迅速到位。这不但能取得较高的击球点，争取时间主动，而且能更好地完成各种击球技术。

4. 回动

所谓回动，就是在接球后，球员立即回到适当的位置（原则上回中心位置），准备接下一个来球。回动要注意以下几个方面：

第一，球员要增强回动意识，每击完一球后，不停留在原地，也不盲目前后跑动，而是积极调整步子，原则上回到中心位置。

第二，在上网时，球员要保持身体平衡，充分利用前面脚的回蹬进行回动。

第三，后退时，球员最后一步的重心要在右腿上，击完球后，身体重心应随右脚前移，上体前压，协助回动。

第四，无论是上网、后退，还是两侧移动，如球员出现脚步混乱，则应立即以小步尽快调整步子。

三、羽毛球基本战术

（一）羽毛球的打法

羽毛球的打法是指根据各个具体球员的技术情况、身体素质和思想意志等条件，而培养形成的各自不同的打法类型；战术则是指根据对手的技术、打法、体力和思想意志等因素，所采取的争取比赛胜利的一种对策。

打法与战术虽不能等同，但相互间有着密切的联系。打法和战术的基础是技术，而技术的不断发展，又能促进打法和战术的更新和提高。

1. 单打打法

单打打法包括压后场底线、打四方球、快拉快吊、后场下压和守中反攻等。

压后场底线：这是一种以高球压对方后场底线，迫使对方后退，然后寻找机会以大力扣杀或吊网前空当争取得分的打法。

打四方球：以高球或吊球准确地将球击到对方场区的四个场角，调动对方前后左右跑动，打乱其阵脚，使对方来不及回中心位置或回球质量较差。

快拉快吊：以平高球快压对方后场两底角，配合快吊网前两角，吸引对方上网。以网前搓球、勾对角球结合推后场底线，迫使对方疲于奔命、被动回球，从而为本方创造中后场大力扣杀或网上扑杀机会。

后场下压：本方在后场扣杀对方击来的高远球，结合吊球，迫使对方被动挡网前球，这时可趁机主动快速上网搓、推球，创造机会，再以重杀或劈杀解决战斗。

守中反攻：这种打法利用拉、吊四方球及防守中的球路变化，调动对方，伺机反攻（扣杀、吊或平抽空当）。

2. 双打打法

双打打法包括快攻压网、前场打点、后攻前封和抽压底线。

快攻压网：从发球抢攻开始，以左、右分边站位，平抽平打快速杀球为主，压在前场进攻。

前场打点：通过网前搓、勾对角及推半场球或找空隙进攻，打乱对方站位，创造后场进攻机会。

后攻前封：两运动员基本保持前后站位，后场逢高球就下压，当对方还球到前半场或网前时，即予以致命扑杀。

抽压底线：以快速的平高球或长抽球压住对方底线两角，即使在对方扣杀时也能以平抽反击或挑高球到对方两底角来调动对手，伺机进攻。

（二）具体战术

1.单打战术

单打战术包括发球抢攻战术、攻后场战术、逼反手战术、打四点球突击战术，以及吊、杀上网战术。

发球抢攻战术：发球不受对方干扰，发球者可以根据规则，随心所欲地以任何方式将球发到对方接球区的任意一点。善于利用多变的发球术，先发制人，取得主动。以发平快球和网前球配合，争取创造第三拍的主动进攻机会，组成发球抢攻战术。

攻后场战术：采用重复打高远球或平高球的技术，压对方后场两角，迫使对方处于被动状态，一旦其回球质量不高，便伺机杀、吊对方的空当。

逼反手战术：一般说来，后场反手击球的进攻性不强，球路也较简单。对于后场反手较差的对手，要毫不放松地加以攻击，先拉开对方位置，使对方反手区露出空当，然后把球打到对方反手区，迫使对方使用反拍击球。

打四点球突击战术：以快速的平高球、吊球准确地打到对方场区的四个角落，迫使对方前后左右奔跑，当对方来不及回中心位置或失去重心时，抓住空当和弱点进行突击。

吊、杀上网战术：先在后场以轻杀配合吊球把球下压，落点要选择在场地两边，使对方被动回球。若对方还击网前球，便迅速上网搓球或勾对角快速平推球；若对方在网前挑高球，可在其后退途中把速度减慢时再发动进攻。这是以逸待劳、后发制人的战术。

2.双打战术

双打战术包括攻人战术、攻中路战术、攻后场战术、后攻前封战术和防守反攻战术。

攻人战术：集中攻击对方中有明显弱点的人，并伺机攻击另一人因疏忽而露出的空当，或对此人进行偷袭。一般来讲，双打比赛中配对选手的技术总是一人稍好、另一人稍差些，即便两人水平相差不多，但若能集中力量攻击其中一人，也可给其造成很大的心理压力，从而使其出现失误。

攻中路战术：当对方分边站位防守时，将球攻击对方两人的中间；当对方前后站位时，可将球下压或平推至两边半场。这样，可使对方防守时互争或互让而出现失误。

攻后场战术：对方扣杀能力差，本方可采用平高球、推平球、接杀挑底线的方式，把对方一人紧逼在底线两角移动。当对方被动还击时，本方则抓住机会大力扣杀。如另一对手后退支援时，本方即可攻网前空当。

后攻前封战术：当本方处于主动进攻前后站位时，站在后场的队员见高球就杀或吊网前球，迫使对方接球挡网前，这会为本方前场队员创造封网扑杀机会。

防守反攻战术：在防守中寻找反攻的机会，以便摆脱困境，转被动为主动。在运用此战术时，注意挑高球一定要挑到底线，否则将会出现对方连续攻杀而本方无力反击的局面。

四、羽毛球比赛基本规则

（一）场地器材

羽毛球场地呈长方形，场地上空 12 m 以内和四周 4 m 以内不应有障碍物。在任何并列的两个球场间，最少应有 2 m 距离。球场中央网高 1.524 m，双打边线处网高 1.55 m，如图 5-58 所示。

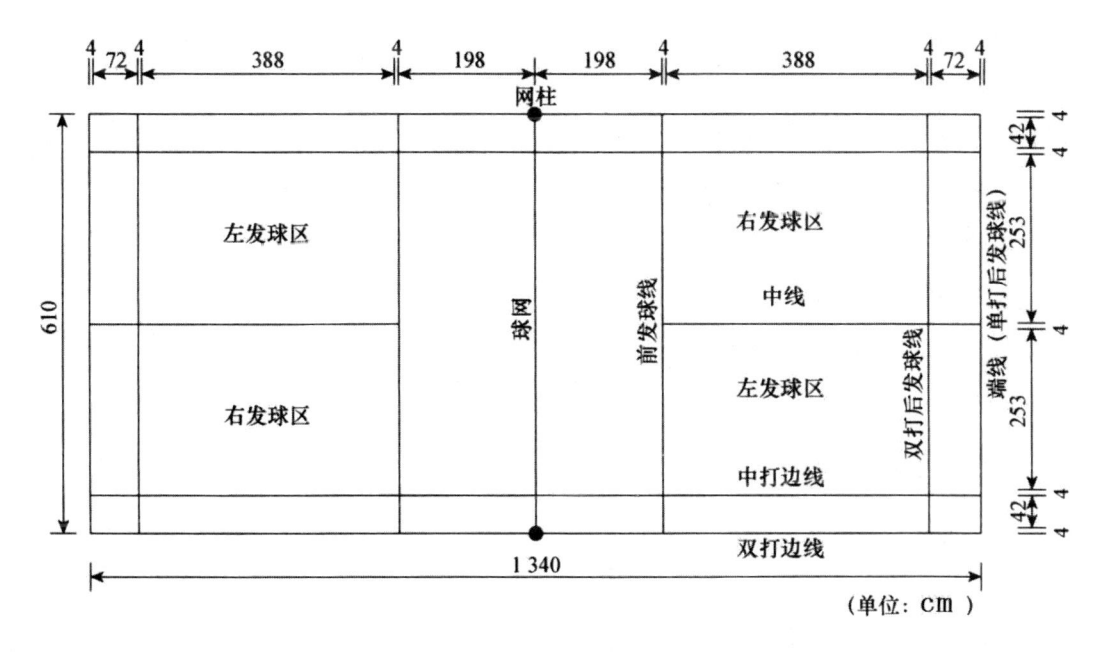

图 5-58 羽毛球场地

（二）比赛规则

1. 计分方法

羽毛球比赛采用 21 分制，即每局比赛双方分数先达到 21 分者胜，采取 3 局 2 胜制。若双方打到 20 平后，一方领先 2 分即算该局获胜；若双方打成 29 平后，一方领先 1 分，即算该局取胜；在第三局或只进行一局比赛时，当一方分数首先达到 11 分时，双方交换场地。

2. 发球区和接发球区

发球区和接发球区的原则是"单左双右"：当发球员的分数为 0 或双数时，双方运动员均应在各自的右发球区发球或接发球；当发球员的分数为单数时，双方运动员均应在各自的左发球区发球或接发球。在单打比赛中，若发球方一直赢球则一直发球，直到一局比赛结束；若发球方输一球，则双方交换发球权。

3. 违例

违例包括如下内容：不合法发球；球发出后停在网顶；球过网后挂在网上；球被接发球员的同伴击中；球落在场地界限外等。

4. 重发球

重发球的主要条件包括如下方面：发球员在接发球员未做好准备时发球；在接发球过程中，发球员和接发球员都被判违例；发球被回击后，球停在网顶；球过网后挂在网上；在比赛中，球托与球的其他部分完全分离；遇到不可预见的意外情况等。

5. 死球

死球包括如下方面：球撞网或网柱后，开始向击球者网这方的地面落下；球触及地面；宣报了"违例"或"重发球"。

课后思考

1. 简述篮球运动的技术与比赛规则。
2. 简述排球运动的技术与比赛规则。
3. 简述足球运动的技术与比赛规则。
4. 简述乒乓球运动的技术与比赛规则。
5. 简述羽毛球运动的技术与比赛规则。

课后实践

本章的课后实践见表 5-2。

表 5-2 课后实践

活动主题	蛇战
活动目的	发展灵敏素质
场地器材	空旷场地或操场
活动方法	根据学生的人数，将其平均分成几个组，使每组 5~10 人，每组站成一排，后面的人抱住前面人的腰，组成一个整体，称为蛇腰。当游戏开始的命令下达后，各组混战，如果一组的排头抓住另一组的"尾巴"，被抓到的一组立刻淘汰出局。最后，没有被抓到"尾巴"的一组即是胜者
活动规则	当 组的"尾巴"被抓住时，该组即淘汰出局。当蛇腰脱节时，排头抓到另一组的排尾无效
个人总结	

附　　录

附录一　大学生各测试项目评分标准（男）

等级	单项得分	肺活量体重指数	1 000 m/min.s	台阶试验	50 m/s	立定跳远 /m	掷实心球 /m	握力体重指数	引体向上 /次	坐位体前屈 /cm	跳绳 /（次/min）	篮球运球 /s	足球运球 /s	排球垫球 /次
优秀	100	84	3'27"	82	6.0	2.66	15.7	92	26	23.0	198	8.6	6.3	50
	98	83	3'28"	80	6.1	2.65	15.2	91	25	22.6	193	9.0	6.5	49
	96	82	3'31"	77	6.2	2.63	14.4	90	24	22.0	186	9.6	6.9	46
	94	81	3'33"	74	6.3	2.62	13.6	89	23	21.4	178	10.3	7.3	44
	92	80	3'35"	71	6.4	2.60	12.5	87	22	20.6	168	11.1	7.7	41
	90	78	3'39"	67	6.5	2.58	11.5	86	21	19.8	158	12.0	8.2	38
良好	87	77	3'42"	65	6.6	2.56	11.3	84	20	18.9	152	12.4	8.5	37
	84	75	3'45"	63	6.8	2.52	10.9	81	19	17.5	144	12.9	8.9	34

续表

等级	单项得分	肺活量体重指数	1 000 m/min.s	台阶试验	50 m/s	立定跳远 /m	掷实心球 /m	握力体重指数	引体向上 /次	坐位体前屈 /cm	跳绳 /（次/min）	篮球运球 /s	足球运球 /s	排球垫球 /次
良好	81	73	3'49"	60	7.0	2.48	10.5	79	18	16.2	136	13.5	9.3	32
	78	71	3'53"	57	7.3	2.43	10.0	75	17	14.3	124	14.3	9.9	29
	75	68	3'58"	53	7.5	2.38	9.5	72	16	12.5	113	15.0	10.4	26
及格	72	66	4'05"	52	7.6	2.35	9.3	70	15	11.3	108	15.6	10.7	25
	69	64	4'12"	51	7.7	2.31	8.9	66	14	9.5	101	16.6	11.2	23
	66	61	4'19"	50	7.8	2.26	8.5	63	13	7.8	94	17.5	11.7	21
	63	58	4'26"	48	8.0	2.20	8.0	59	12	5.4	85	18.8	12.3	18
	60	55	4'33"	46	8.1	2.14	7.5	54	11	3.0	75	20.0	12.9	15
不及格	50	54	4'40"	45	8.2	2.12	7.3	53	9	2.4	71	20.6	13.3	14
	40	52	4'47"	44	8.3	2.09	7.0	51	8	1.4	64	21.6	13.8	12
	30	51	4'54"	43	8.5	2.06	6.7	49	7	0.5	58	22.5	14.3	10
	20	49	5'01"	42	8.6	2.03	6.2	47	6	-0.8	49	23.8	15.0	8
	10	47	5'08"	40	8.8	1.99	5.8	44	5	-2.0	40	25.0	15.7	5

附录二 大学生各测试项目评分标准（女）

等级	单项得分	肺活量体重指数	800 m/min.s	台阶试验	50 m/s	立定跳远 /m	掷实心球 /m	握力体重指数	仰卧起坐 /cm	坐位体前屈 /cm	跳绳 /（次/min）	篮球运球 /s	足球运球 /s	排球运球 /次
优秀	100	70	3'24"	78	7.2	2.07	8.6	74	52	21.1	190	11.2	7.3	46
	98	69	3'27"	75	7.3	2.06	8.5	73	51	20.8	184	11.5	7.8	44
	96	68	3'29"	72	7.4	2.05	8.4	72	50	20.3	175	12.0	8.6	41
	94	67	3'32"	69	7.5	2.03	8.2	71	49	19.8	166	12.6	9.4	38
	92	65	3'35"	64	7.7	2.01	8.0	69	47	19.2	154	13.3	10.5	34
	90	64	3'38"	60	7.8	1.99	7.8	67	45	18.6	142	14.0	11.5	30
良好	87	63	3'42"	59	7.9	1.97	7.7	66	44	17.7	137	14.6	11.9	29
	84	61	3'46"	57	8.0	1.93	7.6	63	43	16.3	130	15.6	12.5	27
	81	59	3'50"	55	8.2	1.89	7.5	61	42	15.0	122	16.5	13.2	25
	78	57	3'54"	52	8.3	1.84	7.4	58	40	13.1	112	17.8	14.0	23
	75	54	3'58"	49	8.5	1.79	7.2	55	38	11.3	102	19.0	14.9	20
及格	72	53	4'03"	48	8.6	1.76	7.1	53	37	10.1	98	19.8	15.6	19
	69	51	4'08"	47	8.7	1.72	7.0	50	35	8.3	92	20.9	16.7	17

续表

等级	单项得分	肺活量体重指数	800 m/min.s	台阶试验	50 m/s	立定跳远 /m	掷实心球 /m	握力体重指数	仰卧起坐 /cm	坐位体前屈 /cm	跳绳 /（次/min）	篮球运球 /s	足球运球 /s	排球运球 /次
及格	66	49	4'13"	46	8.8	1.69	6.8	48	33	6.5	86	22.0	17.8	15
	63	46	4'18"	44	8.9	1.63	6.6	44	31	4.1	78	23.5	19.3	13
	60	43	4'25"	42	9.0	1.58	6.4	40	28	1.7	70	25.0	20.8	10
不及格	50	42	4'30"	41	9.1	1.56	6.2	39	27	1.5	66	25.8	21.2	9
	40	41	4'37"	40	9.3	1.53	6.0	38	26	1.3	59	26.9	21.9	8
	30	39	4'44"	39	9.5	1.50	5.7	36	25	1.0	53	28.0	22.5	7
	20	37	4'51"	38	9.8	1.46	5.4	34	23	0.6	44	29.5	23.4	6
	10	35	5'00"	36	10.0	1.42	5.0	32	21	0.2	35	31.0	24.3	4

附录三 大学生身高标准体重（男）

身高段/cm	营养不良 50 分	较低体重 60 分	正常体重 100 分	超重 60 分	肥胖 50 分
160.0～160.9	<43.1	43.1～52.5	52.6～60.0	60.1～62.5	≥62.6
161.0～161.9	<43.8	43.8～53.3	53.4～60.8	60.9～63.3	≥63.4
162.0～162.9	<44.5	44.5～54.0	54.1～61.5	61.6～64.0	≥64.1
163.0～163.9	<45.3	45.3～54.8	54.9～62.5	62.6～65.0	≥65.1
164.0～164.9	<45.9	45.9～55.5	55.6～63.2	63.3～65.7	≥65.8
165.0～165.9	<46.5	46.5～56.3	56.4～64.0	64.1～66.5	≥66.6
166.0～166.9	<47.1	47.1～57.0	57.1～64.7	64.8～67.2	≥67.3
167.0～167.9	<48.0	48.0～57.8	57.9～65.6	65.7～68.2	≥68.3
168.0～168.9	<48.7	48.7～58.5	58.6～66.3	66.4～68.9	≥69.0
169.0～169.9	<49.3	49.3～59.2	59.3～67.0	67.1～69.6	≥69.7
170.0～170.9	<50.1	50.1～60.0	60.1～67.8	67.9～70.4	≥70.5
171.0～171.9	<50.7	50.7～60.6	60.7～68.8	68.9～71.2	≥71.3
172.0～172.9	<51.4	51.4～61.5	61.6～69.5	69.6～72.1	≥72.2
173.0～173.9	<52.1	52.1～62.2	62.3～70.3	70.4～73.0	≥73.1
174.0～174.9	<52.9	52.9～63.0	63.1～71.3	71.4～74.0	≥74.1
175.0～175.9	<53.7	53.7～63.8	63.9～72.2	72.3～75.0	≥75.1
176.0～176.9	<54.4	54.4～64.5	64.6～73.1	73.2～75.9	≥76.0

续表

身高段/cm	营养不良 50分	较低体重 60分	正常体重 100分	超重 60分	肥胖 50分
177.0~177.9	<55.2	55.2~65.2	65.3~73.9	74.0~76.8	≥76.9
178.0~178.9	<55.7	55.7~66.0	66.1~74.9	75.0~77.8	≥77.9
179.0~179.9	<56.4	56.4~66.7	66.8~75.7	75.8~78.7	≥78.8
180.0~180.9	<57.1	57.1~67.4	67.5~76.4	76.5~79.4	≥79.5
181.0~181.9	<57.7	57.7~68.1	68.2~77.4	77.5~80.6	≥80.7
182.0~182.9	<58.5	58.5~68.9	69.0~78.5	78.6~81.7	≥81.8
183.0~183.9	<59.2	59.2~69.6	69.7~79.4	79.5~82.6	≥82.7
184.0~184.9	<60.0	60.0~70.4	7.05~80.3	80.4~83.6	≥83.7
185.0~185.9	<60.8	60.8~71.2	71.3~81.3	81.4~84.6	≥84.7
186.0~186.9	<61.5	61.5~72.0	72.1~82.2	82.3~85.6	≥85.7
187.0~187.9	<2.3	62.3~72.9	73.0~83.3	83.4~86.7	≥86.8
188.0~188.9	<63.0	63.0~73.7	73.8~84.2	84.3~87.7	≥87.8
189.0~189.9	<63.9	63.9~74.5	74.6~85.0	85.1~88.5	≥88.6
190.0~190.9	<64.6	64.6~75.4	75.5~86.2	86.3~89.8	≥89.9

附录四　大学生身高标准体重（女）

身高段/cm	营养不良 50 分	较低体重 60 分	正常体重 100 分	超重 60 分	肥胖 50 分
150.0～150.9	<39.9	39.9～46.6	46.7～56.2	56.3～59.3	≥59.4
151.0～151.9	<40.3	40.3～47.1	47.2～56.7	56.8～59.8	≥59.9
152.0～152.9	<40.8	40.8～47.6	47.7～57.4	57.5～60.5	≥60.6
153.0～153.9	<41.4	41.4～48.2	48.3～57.9	58.0～61.1	≥61.2
154.0～154.9	<41.9	41.9～48.8	48.9～58.6	58.7～61.9	≥62.0
155.0～155.9	<42.3	42.3～49.1	49.2～59.1	59.2～62.4	≥62.5
156.0～156.9	<42.9	42.9～49.7	49.8～59.7	59.8～63.0	≥63.1
157.0～157.9	<43.5	43.5～50.3	50.4～60.4	60.5～63.6	≥63.7
158.0～158.9	<44.0	44.0～50.8	50.9～61.2	61.3～64.5	≥64.6
159.0～159.9	<44.5	44.5～51.4	51.5～61.7	61.8～65.1	≥65.2
160.0～160.9	<45.0	45.0～52.1	52.2～62.3	62.4～65.6	≥65.7
161.0～161.9	<45.4	45.4～52.5	52.6～62.8	62.9～66.2	≥66.3
162.0～162.9	<45.9	45.9～53.1	53.2～63.4	63.5～66.8	≥66.9
163.0～163.9	<46.4	46.4～53.6	53.7～63.9	64.0～67.3	≥67.4
164.0～164.9	<46.8	46.8～54.2	54.3～64.5	64.6～67.9	≥68.0
165.0～165.9	<47.4	47.4～54.8	54.9～65.0	65.1～68.3	≥68.4
166.0～166.9	<48.0	48.0～55.4	55.5～65.5	65.6～68.9	≥69.0

续表

身高段/cm	营养不良 50分	较低体重 60分	正常体重 100分	超重 60分	肥胖 50分
167.0~167.9	<48.5	48.5~56.0	56.1~66.2	66.3~69.5	≥69.6
168.0~168.9	<49.0	49.0~56.4	56.5~66.7	66.8~70.1	≥70.2
169.0~169.9	<49.4	49.4~56.8	56.9~67.3	67.4~70.7	≥70.8
170.0~170.9	<49.9	49.9~57.3	57.4~67.9	68.0~71.4	≥71.5
171.0~171.9	<50.2	50.2~57.8	57.9~68.5	68.6~72.1	≥72.2
172.0~172.9	<50.7	50.7~58.4	58.5~69.1	69.2~72.7	≥72.8
173.0~173.9	<51.0	51.0~58.8	58.9~69.6	69.7~73.1	≥73.2
174.0~174.9	<51.3	51.3~59.3	59.4~70.2	70.3~73.6	≥73.7
175.0~175.9	<51.9	51.9~59.9	60.0~70.8	70.9~74.4	≥74.5
176.0~176.9	<52.4	52.4~60.4	60.5~71.5	71.6~75.1	≥75.2
177.0~177.9	<52.8	52.8~61.0	61.1~72.1	72.2~75.7	≥75.8
178.0~178.9	<53.2	53.2~61.5	61.6~72.6	72.7~76.2	≥76.3
179.0~179.9	<53.6	53.6~62.0	62.1~73.2	73.3~76.7	≥76.8
180.0~180.9	<54.1	54.1~62.5	62.6~73.7	73.8~77.0	≥77.1

参 考 文 献

[1] 田宏泽. 体育与健康［M］. 北京：航空工业出版社，2020.

[2] 李振佳，齐爽. 大学生体育与健康［M］. 北京：中国人民大学出版社，2020.

[3] 高等教育出版社教材发展研究所. 体育与健康［M］. 北京：高等教育出版社，2021.

[4] 曾永杰. 体育与健康（基础模块）［M］. 北京：航空工业出版社，2020.

[5] 袁守龙. 大学体育与健康［M］. 第2版. 北京：人民邮电出版社，2021.

[6] 史立峰，孙志伟. 大学体育［M］. 第2版. 北京：人民邮电出版社，2022.